فن

القيـــادة

كيف تكون قائداً ناجحاً؟

فن

القيــــادة

كيف تكون قائداً ناجحاً؟

إعداد

د. فهد خليل زايد

دار يافا العلمية للنشر والتوزيع

٢٠١٣

٦٥٨.٤٠٩٣

زايد، فهد خليل

فن القيادة: كيف تكون قائداً ناجحاً / فهد خليل زايد._ عمان: دار يافا العلمية للنشر والتوزيع،٢٠١٢

( ) ص

ر.إ.: ٢٠١٢/٧/٢٤٦٥

الواصفات: /القيادة// الإدارة

الطبعة الأولى، 2013

دار يافا العلمية للنشر والتوزيع

الأردن – عمان – تلفاكس ٤٧٧٨٧٧٠ ٦ ٠٠٩٦٢

ص.ب ٥٢٠٦٥١ عمان ١١١٥٢ الأردن

E-mail: dar_yafa @yahoo.com

الإهداء

لكل من حلم أن يكسر قيده ويجدد حياته لينطلق نحو فضاءات أروع

لكل من استيقظ من سبات عميق، فمزق صفحة الماضي، وأنطلق من جديد

لكل من فكر، وخطط، ورسم الطريق، ليكون قائداً ومرشداً في الإبداع

لكل من أراد أن يرتقي إلى عنان السماء، ليعيد الأمة لجادة الصواب

لكل من آزرني وقومني وسار معي على الطريق،

إلى زوجتي تلك التي ما أنفت ترفع همتي،

إلى والدي العزيزان لحظة نصحي عند ضعفي،

إلى أولادي الذين لبثوا معي ورفعوا معنوياتي، ،

أهدي هذا الكتاب راجياً الفائدة والثواب

د. فهد زايد

المقدمة

حيث أتجول في أرجاء الكون أرى أفراداً من المؤهلين علمياً ينفجرون حيويةً ونشاطاً. ويتطلعون إلى شيء من التدريب ليكونوا مؤهلين لنقل أمتنا من الظلمات إلى النور، وذلك عن طريق الوسطية والاعتدال، والحكمة والموعظة الحسنة والبعد عن الغلو والانحلال.

وهذا الكتاب ما هو إلا خطوة على الطريق في محاولة لوضع الشباب على الطريق المستقيم، ليتعلموا فنون القيادة، ويكونوا جزءاً من عمل تسوده روح الفريق. معتمدين على صياغة تتناسب مع عقلية القرن الحادي والعشرين.

حرصت على إبراز القيم الأخلاقية كمحرك رئيسي لدوافع القائد، وعندما نتأمل مفردات الكتاب نجد أنها تقترب بالنظريات الغربية نحو النظرية الإسلامية للقيادة والتي تتبع من القيم والأخلاق بالإضافة إلى النية الحسنة والاحتساب عند الله الأجر والثواب.

حاولت في هذا الكتاب أن أضع بين أيديكم دليلاً عملياً وضعنا فيه. قمة التحدي لتكونوا الأقوى والأكثر صموداً وثباتاً في مواجهة التحديات، فمن أراد أن يكون قائداً ناجحاً فلا بد أن يصبر ويثبت وقت المحنة ويبرهن لدينا أنه الأقوى. ورسمت لكم خطواتٍ عملية واضحة المعالم لتجد فيها حلمك في فن القيادة.

أنني أدرك أن القيادة تمثل ميداناً يتطوّر بحيوية وسرعة، لذا أدعو هذه الأمة إلى الاهتمام والمتابعة ورصد ما هو جديد. وما هذا الكتاب إلا خطوة متواضعة في الاتجاه الذي نأمل أن يكون أساساً تنبني عليه أعمال أفضل. أنه دعوة تستحث همّة العاملين في هذا المجال لمزيد من الإبداع والإنتاج.

والحمد لله الذي أعانني على إنجاز هذا العمل وأسأله القبول.

د. فهد زايد

حكاية قائد

تقدير إلهي يعجز الإنسان أمامه عن الوصف والتعبير، حكاية قائد، اسمه (محمود بن حمدون) والملقب بـ (قطز)، وهو من بيت مسلم ملكي أصيل، هو البيت الذي قهر التتار سنين طويلة.

تربى قطز في بيت خاله ليرى ملاحم البطولة، ويرى التخطيط، وليرى اللحظات الحاسمة في حياة مملكته، ليرى خاله وقبل هزيمته يرسل رسالة ممهورة بدم حرائر المسلمين يستجدي من كان خليفة في بغداد، ولكن لا مجيب، هذا ما شاهده قطز.

وبعد هزيمة خاله جلال الدين، يستبيح التتار أهل بيته فقتلوا معظمهم، واسترقوا بعضهم، وكان قطز أحد أولئك الذين استرقهم التتار، وأطلقوا عليه اسماً مغولياً (قطز) وهي كلمة تعني الكلب الشرس.

نقل قطز من مناطق الدولة ليباع في دمشق، كعبد لا يملك حياته ولا روحه، فيشتريه هذا ويبيعه هذا، ولكن هذا الشاب كان له حلم وكان له أمل، ينتظر الفرصة المناسبة ليحيي فيها حلمه.

والذي أثر في قطز بشكل كبير هي العائلة التي نشأ لديها كعبد مملوك، وهي أسرة ابن الزعيم، فتلك الأسرة التي تركت أثراً عظيماً في قطز، فيكفي أن هذه الأسرة كانت تلتقي العلامة العز بين عبد السلام مجدد قرنه، ويكفي أن ليل هذه الأسرة كان كله قيام لليل، فليس غريباً أن يخرج قطز قائداً ربانياً عظيماً.

لقد تعلّم قطز أن لا يضيع فروضه ويقيم ليله ويلتقي العلماء أمثال العز بن عبد السلام مما أفاده في حياته وجعله حكاية للأمة، مخالطته للعز بن عبد السلام، فيكبر هذا الفتى على فكر كبير، نعم لقد تعلم العزة من العز بن عبد السلام.

ولقد ملأت أحاديث العز بن عبد السلام عن الجهاد والاستشهاد على هذا الشاب اليقظ قلبه ولبهُ، ثم زاده ولعاً بالأمر أنه رأى الرسول صلى الله عليه وسلم في المنام وقد أقبل إليه في كوكبة من الفرسان، وعلى رأسه جمَّة يبشره بملك مصر وهزيمة التتار، ومنذ ذلك طمحت نفسه إلى الرحيل إلى مصر، وقد زاد تعلقه بها رحيل شيخه إليها.

ويباعُ قطز بعدها، وينتقل بين أيدي النخاسين ليشتريه أحد الأيوبيين وينقلهُ من دمشق إلى مصر ليربي هناك تربية المماليك حيث تعلم لدى الأيوبيين الفنون العسكرية وركوب الخيل، واشتد عوده في القتال وتعلم فنون الإدارة والقيادة، ليغدو بحق فارساً للإسلام.

كان قطز رحمه الله قوياً، صبوراً، جلداً واثقاً من نفسه، فهو لم يكن غريباً عن أمور القيادة والحكم فقد ولد في بيت ملكي، وكانت طفولته طفولة الأمراء وفوق كل هذا فإن أسرته قد هلكت تحت أقدام التيار، وهذا جعله يفقه جيداً مأساة التتار، كل هذه العوامل مجتمعة صنعت من قطز رجلاً ذا طراز خاص يستهين بالشدائد، ولا يرهب أعداءه، مهما كثرت أعدادهم، يخطط جيداً، يستشر أصحاب العلم المعرفة، بصنع القرار بحكمة وشجاعة.

كان للأحداث دوراً بارزاً في رسم مسار قطز، فها هو يترقي في الجيش نتيجة قوته وبأسه في المعارك، فكان عسكرياً مبدعاً دافع عن مصر، وواجه الصليبين ضمن جيش الأيوبيين، وواجة أمراء الفتنة، فإبداعه وإخلاصه مكناه ليرتقي في سلم الجيش حتى كان أحد قادته البارزين.

وعندما مات توران شاه ابن الصالح أيوب حاكم مصر آنذاك لتتولى زوجته شجرة الدر حكم مصر في موقف غريب، فثار عليها العلماء والعامة فلم يقبلوا أن تحكمهم امرأة وواصلوا ثورتهم عليها، حتى تزوجت من عز الدين إيبك القائد المملوكي والذي بوجوده بدأت دولة المماليك وليختار آبيك قطز ليكون قائد جيشه.

وفي ظل هذا الصعود لقطز كان هناك في الشرق أحداث لاهبة، فكانت النكبة الكبرى التي حلّت بعاصمة الخلافة بغداد، لقد اقتحمها التتار حيث استباحوا المدينة أربعين يوماً بلياليها، فنسفوا مساجدها، وأحرقوا مكتباتها ومدارسها وأعملوا السيوف في الرقاب، حتى سالت الدماء في الأزقة أنهاراً وقال يومها المؤرخون: "إن القتلى ألفي ألف أو يزيدون".

وخلال الفترة التي سقطت فيها بغداد وبدأت مصر بالاشتعال، فتقتل شجرة الدر زوجها أبيك، ثم تقتل شجر الدر بالقصاص، ينصب ابن عز الدين أبيك الصغير نور الدين علي ملكاً على مصر، وليصبح قطز هو الوصي على الحكم، وفي الوقت ذاته تتساقط مدن الشام في يد التتار، فأصبح التتار على أبواب مصر يدقونها بقوة.

وبعد نظرة دقيقة للأمور من قبل قطز، تبين له أن الأمور في مصر تتطلب حاكماً قوياً يكون على قدر التحدي فيما كان هذا الملك الصغير غارقاً في لهوه ومتعته، فقام قطز بحركة سريعة واستثماراً لفرصة خروج الأمراء في رحلة صيد فخلع الملك الصغير، ليغدو هو ملك مصر الجديد، ليس فخراً له، ولكن ليحمل الأمانة في وقت عصيب، كان همه الوحيد أن يحيي أمل الأمة، فاليوم هو تحديد المصير.

حرص بعد استلامه الحكم على استقرار الوضع الداخلي وقطع أطماع الآخرين، وارتفع بأخلاق المنافسين إلى درجة لم يتعودوا عليها، لقد جمع الأمراء والقادة والعلماء وقال لهم في وضوح: "إني ما قصدت إلا أن نجمع على قتال التتار، ولا يتأتى ذلك بغير ملك، فإذا خرجنا وكسرنا هذا العدو، فالأمر لكم، أقيموا في السلطة من شئتم وبهذا هدأت النفوس.

وبدأ قطز يتفرغ لمواجهة التتار، ولكن كيف سبيل المواجهة والأمة غارقة في لهوها، فكان اتخاذ القرار الإعداد، فهب يعالج الأمر بإيقاذ جذوة الإيمان في النفوس، والعودة بالناس إلى الله، فأنشأ ديواناً للجهاد وأوكل أمره إلى شيخه العز بن عبد السلام.

ثم أطلق الخطباء في المساجد بإشراف شيخه العز بن عبد السلام، وحض الناس إلى الجهاد وترغيبهم في الاستشهاد وأصبح لا يجيز أحداً من الخطباء حتى يحفظ سورتي الأنفال والتوبة عن ظهر قلب،حتى غدت المنابر والبيوت والأسواق تعج بآيات القتال، حتى صار العامة يستظهرونها حفظاً.

ورغم هالة الرعب التي وصفها التتار حول أنفسهم بجرائمهم، إلا أن قطز كان بإيمانه وتحديه أقوى، أرسل التتار رسالتهم: "سلموا لنا الأمر تسلموا، قبل أن ينكشف الغطاء فتندموا، وقد سمعتم أننا أخرجنا البلاد وقتلنا العباد، فكيف لكم الهرب، ولنا خلفكم طلب؟ فما لكم من سيوفنا خلاص، عددنا كالرمل، فمن طلب حربنا ندم، فلا تهلكوا أنفسكم بأيديكم".

فكر قطز كيف السبيل إلى الرد ولكسر الرعب في قلوب المسلمين، فما كان منه بعد استشارة العلماء إلا أن مزق الرسالة وذبح رسل هولاكو الخمسة وعلق رؤوسهم على باب القاهرة، فبذلك كان قراره لا عودة عن الحرب.

لقد وجد قطز أن بديل الحرب، الاستسلام والخضوع والذل والمهانة، ففضل القتال ففيه أحد الحسنيين، إما النصر والعزة والكرامة، وإما الاستشهاد وبعدها الجنة نعم هذا هو هاجس من حمل همّ الأمة على كتفيه، فسار لا يخشى قوة ولا يخشى طغياناً، فانطلق للشهادة.

نادى منادي الجهاد في القاهرة وسائر الأقاليم وبدأ الإعداد وبدأ في جمع الأموال اللازمة، وقام بما أشار عليه العز بن عبد ا لسلام، فجمع ما عند أمراء المماليك من ذهب وأموال، حتى لم يبقى مع الواحد منهم سوى جواده وسلاحه.

وفي أثناء الإعداد وجمع الأموال للجهاد، وجد قطز تقاعساً من بعض الأمراء في الخروج لحرب التتار، فصاح فيهم "يا أمراء المسلمين، لكم زمان تأكلون أموال بيت المال وأنتم للغزاة كارهون!، وأنا متوجه، فمن أختار الجهاد يصحبني، ومن لم يختر ذلك يرجع إلى بيته، فإن الله مطلع عليه وخطيّة حريم المسلمين في رقاب المتأخرين" فأي قائد عظيم ذاك!!.

وخرج قطز من القاهرة في شهر شعبان سنة ٦٥٨ هـ، وكان الحر شديداً، والمرور في سيناء أصعب ولكنها زيادة في الابتلاء لتنقية الصف المسلم، ويمضي المسلمون حاملين أرواحهم على أكفهم، لا يبتغون إلا عزة المسلمين.

جعل قطز على مقدّمة جيشه الظاهر بيبرس، وبحنكه عسكرية، غير قطز معالم الجيش فكان مرنا بخطته ولم يكن تقليدياً بل كان مرناً حسب الظروف ومعطيات وضعه العسكري، وعلى عكس المتعارف عليه جعل قطز مقدّمة الجيش كبيرة جداً، فقد أراد أن يفهم التتار أن مقدّمة الجيش هي كل جيش المسلمين وإنه ليس من ورائها جيش آخر.

وبدأت المواجهة وبقدر الله أن تكون في غزة، فغزة كانت بداية انكسار التتار فالتفت مقدّمة الجيش بقيادة بيبرس بحامية التتار في غزة وقاتلتها بشدة وانتصرت عليها، ففي غزة كانت البداية، فهل تتكرر في عصرنا كسر اليهود في غزة، إن شاء الله ستكون بقدرته وحوله.

لقد أمعن قطز بالتفكير ليستطع أن يحقق هدفه فأخذ في سيره العسكري يتخفى حتى لا يظهر جيشه بينما يظهر عن عمد جيش بيبرس حتى تعلم العيون المراقبة أن هذا هو الجيش فقط، وهذه حنكة عسكرية من قطز فعمل على مبدأ السرية ليكون مفاجئاً لعدوه.

وعقد قطز المعاهدات مع الصليبين في عكا وهذا يدل على الرؤية الواضحة عند قطز فهو يعلم أن العدو الرئيس هو التتار ولا يريد الخوض في معارك جانبية . ووصل المسلمون إلى مكان اختاروه لتكون فيه المعركة وسجل المسلون نقطة كبيرة لصالحهم بالسبق إلى مكان القتال، وامتلاك عنصر المفاجأة، فقد اختاروا سهل عين جالوت، ثم جاء التتار بغرور، تسبقهم سمعتهم المرعبة، ولكن الله عز وجل ثبت قلب قطز ومن معه من أبطال المسلمين، وانتظر قطز ساعة صلاة الجمعة ليبدأ القتال والأئمة على منابرهم يدعون الله أن ينصرهم، وقرر قائد التتار كتبغاً أن يدخل المعركة مباشرة وكان من سعادة المسلمين أن يقاتلوا في رمضان ليستعيدوا ذكريات بدر واندفع التتار بكل جيشهم ولم يأخذوا حذرهم، وهذا تدبير رب العالمين الذي أعمى عيون كتبغا عن رؤية جيش قطز.

وبدأ القتال، تواجه جيش التتار مع الفئة الصابرة، تلقى الظاهر بيبرس الضربة الأولى بشجاعة وصبر فسقط الشهداء من المسلمين ولكن ما فرّ رجل واحد منهم.

واستكملت خطة قطز التي تمثلت بأن يتظاهر بيبرس بالانسحاب إلى داخل السهل حتى يستدرج كتبغا ومن معه من التتار وقد حدث ما أراد ودخل التتار في الفخ فكانت الشدة والصمود والصبر والحنكة لغة المعركة فأحاط قطز بقوة التتار ودارت موقعة من أشرس المواقع في تاريخ المسلمين وثبت المسلمون لينتهي دور الخطة العسكرية ويبدأ دور الملحمة الكبرى تدارك التتار أنفسهم، وبدأوا يحاربون بمنتهى القوة والبأس وحدث تردد في جيش المسلمين وبدأوا يتراجعون إلى الوراء، في هذا الموقف العصيب . كيف سيتصرّف القائد صاحب الأهداف؟.

لاحظ قطز تراجع المسلمين فقام في شجاعة نادرة وألقى بخوذته على الأرض تعبيراً عن الاشتياق للشهادة وأطلق صيحة خالدة وإسلاماه، يلخص بها أسباب النصر نعم لقد كان قدوة حقيقة، فالتحم مع الآخرين وكان القدوة لهم وبعد أن رأى الجنود شجاعة قائدهم قاموا على التتار فوجد كتبغا أمامه رجالاً أشداء وقتل كتبغا ،سقط صريعاً في دمائه ،وأسر أبنه ودب الرعب في قلوب التتار، وقهر المسلمون الجيش الذي لا يقهر وانسحب التتار، وانطلق خلفهم قطز وقاتلهم قتالاً مريراً وعاد من جديد يصيح الصيحة الخالدة وإسلاماه قالها ثلاثة مرات ثم قال يا الله أنصر عبدك قطز على التتار لتنزل الرحمات على الجيش المؤمن واللعنات على الجيش الكافر، فيقتلون فريقاً ويأسرون فريقاً وأورّث الله عز وجل سلاح التتار وأموالهم وفني جيش التتار بأكمله في موقعة عين جالون وبعد خمسة أيام من عين جالوت دخل قطز دمشق وكان العيد عيدين الفطر والنصر وتمّ توحيد دمشق ومصر تحت راية واحدة.

وفي طريق العودة إلى القاهرة شاء الله أن يسدل الستار على حياة بطل عين جالوت فسقط شهيداً بإذن الله.

القيادة

مفهوم القيادة

التعريف الأول: القيادة هي وظيفة من وظائف السمات والخصائص المكتسبة بالخبرة والتعليم.

ركز هذا التعريف على السمات والخصائص المكتسبة بالخبرة والتعليم. وفان القيادة هنا تكتسب ولا تورث. وهذا التعرّيف يركّز على جانب مهم من جوانب القيادة وهو القدرة على القيام بمهام القيادة في خدمة الجماعة وتحقيق أهدافها.

التعريف الثاني: القيادة هي نفوذ اجتماعي كامن في جزء من الجماعة.

وهذا التعريف يركز على جانبين مهمّين من جوانب القيادة وهما:

أ. القيادة تتواجد في جزء من الجماعة. أي أن القيادة خاصية من خصائص الجماعة. وليس ملكيّة لشخص محدد.

ب. يركز على عملية النفوذ أو التأثير الاجتماعي، أي وجود تفاعل اجتماعي بين القائد وأتباعه.

التعريف الثالث: القيادة هي مركز عالٍ في هيكل بنائي

ويركز هذا التعريف على جانب مهم حيث ينظر إلى القيادة على أنها نوع من التأثير يتضمن السيطرة الحازمة على الآخرين وهذا يتطلب إلقاء الأوامر والتمتع بالسلطة اللازمة لهذا عرفت بأنها مركز عالٍ في هيكل بنائي.

التعريف الرابع: القيادة هي العملية التي يتمكن فيها فرد أن يوجه ويرشد ويؤثر ويضبط أفكار وشعور وسلوك أشخاص آخرين

ويمكن من خلال هذا التعريف أن نميّز ثلاثة أنواع من القيادة:

١٣

د. يستنهض همم من حوله.

هـ. يدرك أن عليه أن يكون جندياً ناصحاً ومسؤول أمام غيره، ويظهر الولاء والإخلاص للجماعة (الأتباع) ويسعى دائماً لخير جماعته ورعايتهم.

قوانين بلانك الطبيعية حول القيادة :

١. القائد له أتباع مخلصون وحلفاء مستعدون.

٢. القيادة حقل للعلاقات المتداخلة.

٣. القيادة تحدث كحدث.

٤. القادة يستخدمون التأثير خارج السلطة الرسمية.

٥. القادة لا يعملون وفق سياسات المنظمة المحدودة.

٦. القيادة تشتمل على المخاطر وعدم التأكد.

٧. ليس كل شخص سيقوم بإتباع مبادرات القائد.

٨. الوعي والقدرة على التعامل مع المعلومات تصنعان القيادة.

٩. القيادة عملية تتأثر بخلفية كل شخص حيث يتعامل القادة والأتباع مع المعلومات ويفسرونها حسبما يريدون.

الفرق بين القائد والرئيس أو (المسؤول الأول) أو المدير

القائد	الرئيس أو المدير
١. القيادة تكون عن طريق إقرار الجماعة واعترافها التلقائي بما قدّم لها.	١. تكون بفعل نظام محدد.
٢. الجماعة هي التي ترسم الهدف المشترك الذي ينبع من باطنها وينفذه القائد .	٢. يخبر الرئيس الهدف المشترك في حدود مصالحه الشخصية .
٣. تفاعل إيجابي، وعلاقة تعاونية بين الطرفين	٣. توجد فجوة كبيرة في العلاقة بين الرئيس والمرؤوس، ويعمل الرئيس على أن تبقى هناك مسافة اجتماعية.
٤. الجماعة تعترف بسلطاته عليها بطريقة تلقائية وعن رضا وطوعية	٤. تأثير الرئيس على الأتباع معتمد على السلطة المفروضة ويستمد سلطته من قوة خارجية عن نطاق الجماعة فيكون فيها الخضوع والسيطرة خشية العقاب.

وعموماً الرئيس أو المدير يمكن أن يكون قائداً إذا ما تمتع بتأييد قاعدي قوي نابع من حرية اختيار الجماعة له، ويمكن أن يكون زعيماً إذا ما تمثلته الجماعة رمزاً حياً وتجسيداً لآمالها ومشاعرها وأحلامها ومنقذاً لها.

القائد مقابل المدير أو الرئيس.

ضع إشارة أما على اليمين أو على اليسار لكل خانة بحسب توفر الصفة في الشخص المذكور أعلاه:

المدير أو الرئيس	القائد
○ ينجزون الأشياء بطريقة صحيحة	○ يفعلون الشيء الصواب
○ مهتمون بالكفاءة	○ مهتمون بالتأثير
○ يديرون	○ يبدعون
○ يصونون ويحافظون	○ يطوّرون
○ يركزون على النظام والبنية	○ يركزون على الناس
○ يعول على السيطرة	○ يعول على الثقة
○ ينظم ويوظف	○ يرص الناس في اتجاه واضح
○ يركز على التكتيك والبنية والأنظمة	○ يركز على الفلسفة وجوهر القيم والأهداف المشتركة
○ لديه رؤية قصيرة الأجل	○ لديه رؤية طويلة الأجل
○ يسأل كيف ومتى	○ يسأل ماذا ولماذا
○ يقبل الوضع الراهن	○ يتحدى الوضع الراهن
○ يوجهون أنظارهم نحو العمل الحالي	○ يوجهون أنظارهم للأفق
○ يطوّرون الخطى والجداول المفصلة	○ يطوّرون الرؤى والاستراتيجيات

المدير أو الرئيس	القائد
○ يسعى للحسابات والنظام	○ يسعى للتغيير
○ يتجنب المخاطر	○ يواجه المخاطر
○ يحث الناس على الالتزام بالمعايير	○ يلهم الناس نحو التغيير
○ استخدام سلطة المنصب والتسلسل التنظيمي	○ يستفيد من تأثير الإنسان في الإنسان الآخر
○ يطالب الآخرين بالالتزام	○ يلهم الآخرين على إتباعه
○ يعمل ضمن الأحكام التنظيمية والقوانين والسياسات والإجراءات	○ يعمل خارج الأحكام التنظيمية والقوانين والسياسات والإجراءات
○ يعطيه الآخرون منصباً	○ يأخذ زمام المبادرة

أهمية القيادة

يشهد العالم في الوقت الحاضر صراعاً بين اهتمامات سياسية واقتصادية واجتماعية ويلعب القادة في هذا الصراع أدواراً أساسية تجعل مصير الإنسانية مرتبطاً إلى حد بعيد بتفاعلها مع الشعوب في مختلف المواقف.

ويؤكد علماء النفس الاجتماعي أهمية القيادة والدور الكبير الذي تلعبه في بناء الجماعات المختلفة، كما يؤكدون ما للقائد من أهمية بالغة في تماسك تركيب الجماعة وأهدافها وأيدلوجيتها.

وتبرز أهمية القيادة في الوظائف التي يمارسها القائد وهي:

١. القائد كإداري منفذ

بحيث يكون الدور الأكثر وضوحاً في جماعة هو عمله كمنسق لمناشطها المختلفة ومراقبة سياستها، ورغم أن هذه الوظيفة تنفيذية إلا أنه لا يستطيع أن ينهض بها بمفرده بل يوزعها في صورة اختصاصات ومسؤوليات على أعضاء الجماعة ويبقى له الإشراف والتوجيه العام.

٢. القائد كمخطط

فهو غالباُ ما يقرر الطرق والوسائل التي بها تحقق الجماعة أهدافها ويتضمّن هذا الجانب ليس فقط التخطيط للأهداف القريبة بل البعيدة المدى لخطوات المستقبل ويكون هو المقيم للخطة.

٣. القائد كواضع للسياسة

أنها أحد المهام الكبرى للقادة وهي قيامهم بوضع أهداف الجماعة وغاياتها وسياساتها.

٤. القائد كخبير

حيث أنه مصدر المعرفة والخبرة الفنية والإدارية للجماعة.

٥. القائد كممثل خارجي للجماعة

أن القائد يضطلع بدور الممثل للجماعة فهو المتحدّث الرسمي بلسان الجماعة، فالمطالب والمهام الخارجية تمر عن طريقه وكذلك الداخلية منها.

٦. القائد كضابط للعلاقات الداخلية

فهو كرقيب للعلاقات داخل الجماعة.

٧. القائد كمصدر للثواب والعقاب

فبيده السلطة والقوة بمنح الثواب أو إيقاع العقاب والتي تمكّنهُ من ممارسة نظام قوي ومنضبط على أعضاء الجماعة.

٨. القائد كحكم ووسيط

إيقاف الصراعات وإقامة العلاقات الطيبة بين أفراد الجماعة.

٩. القائد كنموذج أو مثل أعلى

فهو القدوة لهم فهو حين يتقدّم جنوده بشجاعة، أنما يعمل لهم كمثل أعلى.

١٠. القائد كرمز للجماعة

تتأكد وحدة الجماعة وتقوى بالوضع الفكري عند كل عضو فيها، وهنا يقف القائد كمثال حي ورمز قائم لاستمرار الجماعة في أداء مهمتها.

١١. القائد كممثل المسؤولية الفردية

فهو يخفف من التفاصيل والتعريفات الكثيرة ويوزعها كمسؤوليات على الأعضاء، وهو يضطلع بمهمة اتخاذ القرارات.

١٢. القائد كأيدولوجي

فهو مصدر لمعتقدات الأفراد، فالأيديولوجية للجماعة تعكس غالباً معتقدات القيادة بدرجة أكبر من أي عضو فيها، بل أن القائد قد يكون مصدراً للقيم.

١٣. القائد كصورة الأب

اضطلاعه بدور الأب بالنسبة لكل عضو من الجماعة أنه يعمل كبؤرة كاملة للمشاعر الانفعالية الإيجابية للفرد، وهو الرمز المثالي، وتسود العلاقات الإنسانية بينه وبين أفراد الجماعة.

* تمرين: أهي القيادة أم شيء آخر؟

ما الذي يشترك به القادة التالية أسماؤهم ؟

- محمد صلى الله عليه وسلم	- حسن البنا	- كارل ماركس
- المسيح عليه السلام	- توماس اديسون	- ادولف هتلر
- عمر بن الخطاب (رضي الله عنه)	- محمد عبد الوهاب	- جون كينيدي
- عبد الملك بن مروان	- هنري فورد	- مارتن لوثر كنغ
- ابن سينا	- أبو الأعلى المودودي	- حسن الترابي
- ابراهام لينكولن	- غاندي	- هيلموت كول
- هارون الرشيد	- الخميني	- بيل غيتس
- محمد الفاتح	- الملك حسين	- جمال عبد الناصر
- السلطان عبد الحميد	- موشي دايان	- ماوتسي تونغ
	- رونالد ريغان	- صلاح الدين الأيوبي
	- روكفلر	- أحمد بن حنبل

متحير؟ حسناً، هناك بعض التلميحات:

١. أنسَ الصفات الشخصية أو سمات التصرّف أو أساليب القيادة.

٢. أنسَ ما فعله هؤلاء الناس أو قالوه عندما كانوا على قيد الحياة.

٣. اسأل نفسك ما الذي جعل كل هؤلاء الناس قادة؟

٤. لم نعتبر هؤلاء المدرجين أعلاه قادة؟

٥. ماذا كانوا يملكون حتى نعدّهم قادة؟

الجواب

١. أن لهم إتباع مخلصون.

.... ٢

.... ٣

.... ٤

.... ٥

أنماط القيادة

١. القائد المستبد

أ. لديه قدر قليل من الثقة في قدرات الأعضاء.

ب. يعتقد أن الثواب المادي وحده هو الذي يحفّز الناس للعمل.

ج. يصدر الأوامر لتنفذ دون نقاش.

٢. القائد الديمقراطي

أ. يشرك الأعضاء في اتخاذ القرار

ب. يشرح لإتباعه الأسباب الموجبة للقرارات التي يتخذها.

ج. يعبّر عن امتداحه أو نقده للآخرين بموضوعية.

٣. القائد الليبرالي

أ. ثقته في قدراته القيادية ضعيفة.

ب. لا يقوم بتحديد أي أهداف لأتباعه.

ج. قليل الاتصال بالأفراد والتفاعل معهم.

٤. القائد الأوتوقراطي

أ. يضع الأهداف وحده ولا يثق بالآخرين. التركيز على ما عند القائد.

ب. لا يمتلك الفرد حرية اختيار بل يفرض عليه التعيين وهناك تسلط وسيطرة.

ج. استخدام الثواب والعقاب بطريقة شخصية ذاتية.

د. خلق روح العدوانية لدى الأتباع وعدم قدرتهم على الصمود أمام المشكلات.

هـ. انعدام الإبداع وانهيار الجماعة عند فقدان القائد.

٥. القائد الفوضوي

أ. حرية مطلقة لكل فرد ولا يتدخل القائد في تنظيم مجرى الأمور.

ب. ظهور الآراء المتضاربة والعمل الفردي الذي يغلّب عليه الهزل وعدم الجدية.

ج. يكثر ضياع الوقت وتبدو آثار التفكك الداخلي وعدم الاستقرار.

أنواع القيادة المناخ الاجتماعي

القيادة الديمقراطية "الاقناعية"	القيادة الدكتاتورية أو الارغامية أو الاستبدادية أو الاوتوقراطية	القيادة الفوضوية "الحرية المطلقة"
- المناخ الاجتماعي الديمقوقراطي يسود فيه إشباع حاجات كل من القائد والأعضاء، ويسود الاحترام المتبادل للحقوق، وتتحدد السياسات نتيجة للمناقشات الجماعية والقرارات الجماعية وتتوزع المسؤوليات والعمل دائماً يكون بناء على مناقشة وبناء على قرار جماعي. - القائد يشترك في مناقشات الجماعة ويشجع الأعضاء في مناقشتهم ومعاونهم ويوجههم، ويحيط الأعضاء علماً بخطوات العمل دائماً والهدف الذي تسعى الجماعة لتحقيقه هي التي تحدده، ويترك للجماعة حرية توزيع العمل بين الأفراد، ويكون موضوعياً في مدحه أو نقده لعمل الأفراد ويشجع النقد والنقد الذاتي.	- المناخ الاجتماعي دكتاتورية استبدادي أرغامي أوتوقراطي تسلطي. - القائد يحدد بنفسه السياسة تحديداً كلياً ويملي خطوات العمل وأوجه النشاط، ويحدد نوع العمل الذي يختص به كل فرد، ولا يشترك مع الجماعة اشتراكاً فعلياً إلا حين يعرض عملاً من الأعمال كنموذج، ويعطي أوامر كثيرة تعارض رغبة الجماعة أو توقف نشاطاً معيناً لها لتحل محلها رغبته، ويظل محور انتباه الجماعة، ويهتم بضمان طاعة الأعضاء. حتى قد يعمل على انقسام الجماعة وتقليل الاتصال بين أعضائها لتحقيق ذلك.	- المناخ الاجتماعي فوضوي حيث يتمتع فيه أفراد الجماعة والقائد بحرية مطلقة كاملة دون ضابط. - القائد محايد لا يشارك إلا بحد أدنى من المشاركة وإظهار الاستعداد للمعاونة، ويترك الحرية للفرد والجماعة، وتعليقاته على العمل سطحية لا يحاول بها تنظيم مجرى العمل أو تحسينه ولا يمدح ولا يذم. - الأفراد يختارون الأصدقاء ورفاق العمل بحرية كاملة. - إذا ترك القائد مكانه أو تنحى فقد يكون الإنتاج في غيابه مساوياً أو أقل أو أكثر مما لو كان موجوداً حسب ظروف التفاعل الاجتماعي.

القيادة الديمقراطية "الاقناعية"	القيادة الدكتاتورية أو الارغامية أو الاستبدادية أو الاوتوقراطية	القيادة الفوضوية "الحرية المطلقة"
- الأفراد يشعر كل منهم بأهمية مساهمته الإيجابية في التفاعل الاجتماعي وعندما يحتاجون إلى مشورة فنية يعرض القائد عدة اقتراحات ويترك للأعضاء حرية والاختيار، ولهم حرية اختيار رفاق العمل والأعمال التي يرغبون فيها حسب قدراتهم وميولهم، وهم أكثر تحمساً واندفاعاً للعمل ويفيد كل منهم حسب قدراته، والجماعة أكثر تماسكاً وترابطاً ودواماً والشعور بالـ "نحن" قوي والروح المعنوية مرتفعة. - إذا ترك القائد مكانه أو تنحى كان الإنتاج والعمل والنشاط في غيابه مساوياً للإنتاج والعمل والنشاط في حضور. - السلوك الاجتماعي يميزه الشعور بالثقة المتبادلة والود بين الأفراد بعضهم وبعض وبينهم وبين القائد ويسود الشعور بالاستقرار والمسألة والراحة النفسية.	- الأفراد ينفذون خطوات العمل خطوة خطوة بصورة يصعب عليهم معها معرفة الخطوات التالية أو الخطة كاملة، وليس لهم حرية في اختبار رفاق العمل بل يعين القائد العمل ورفاق العمل. - إذا ترك القائد مكانه أو تنحى حدثت أزمة شديدة قد تؤدي إلى انحلال الجماعة أو الهبوط بالروح المعنوية لها. - السلوك الاجتماعي يميزه روح العدوان والسلوك التخريبي وكثرة المنافسة أو الخنوع واللامبالاة، ويشعر الأفراد بالقصور والعجز ويزداد اعتمادهم على القائد، ويسود انعدام الثقة المتبادلة بين بعضهم وبعض وبينهم وبين القائد ويسود التملّق والتزلّف للقائد مع كرهه، ويسود الشعور بالصد والإحباط والحرمان والقلق وعدم الاستقرار وحدة الطبع وانخفاض الروح المعنوية.	- السلوك الاجتماعي يتميّز بأن الثقة المتبادلة والود بين الأفراد بعضهم وبعض وبينهم وبين القائد متوسطة والتذمر والقلق بدرجة متوسطة.

تمرين هل أنت قائد تقليدي أم قائد خادم (الديمقراطي)

ضع إشارة على اليمين أو اليسار في كل خانة بحسب انطباق الصفة على الشخص المذكور أعلاه:

القائد التقليدي	القائد الخادم (الديمقراطي)
- يسأل على النتائج والعمل مثل: هل فعلت كذا؟ ما حالة الأمر الفلاني؟	- يسأل كيف يستطيع أن يساعد مثل: ما الذي تحتاجه مني؟ ماذا يمكن أن أوفر لك لتؤدي عملك بشكل أفضل؟
- يقيس الإنتاجية التنظيمية بمقاييس كمية مثل إنتاجية الشخص في الساعة أو الربح مقسوماً على عدد الموظفين	- يقيس الإنتاجية بكمية المبادرات المؤدية لتحسين الأداء بدون انتظار الأوامر.
- يرى العاملين معه على أنهم مورد هام للإنتاج	- يؤمن أن الناس يأتون أولاً ويهتم بهم شخصياً.
- يرى نفسه أنه الرئيس	- يرى نفسه (الأول بين متساوين)
- يرى دوره أنه المولد لأرباح حاملي الأسهم أو المالكين	- يرى دوره بأنه (تسهيل ورعاية القدرات القيادية للآخرين)
- يراه العاملون بأنه المراقب الصارم المراعي لمصالحه ومصالح أصحاب الملك	- يراه الآخرون شخصاً مرناً حكيماً مرحاً يثق بالآخرين منفتحاً للأفكار الجديدة
- يشجع المنافسة الداخلية بين العاملين	- يؤمن بضرورة كبح المنافسة واستبدالها بالتعاون والتكامل
- يتوسط لحل النزاعات بين الأطراف المختلفة	- لا يكتفي بذلك بل ينتبه حتى للشخص الذي لم يتم الاستماع لوجهة نظره بسبب أسلوبه الاستفزازي.
- يحاول أن يجعل أصحابه يتبعون سياسة المنظمة ويعملوا بطريقتها	- يندمج مع العاملين حتى يضمن مساندة الأفكار الجديدة وتحقيق رؤية مشتركة
- يطلب من أتباعه "الطاعة"	- يتعاطف مع المتعاملين معه ولكنه لا يقبل منهم جهداً أقل من الممتاز
- يعتقد أن النجاح النهائي هو النتائج المالية الممتازة	- يؤمن أن النجاح النهائي يكمن في نمو العاملين شخصياً ومهنياً وحرية تصرفهم مما سينعكس عليهم وعلى العمل.

أشكال القيادة

١. القيادة الجماعية وتتضمن ما يلي:

أ. توزيع المسؤوليات القيادية بين أفراد الجماعة حسب قدرات كل منهم.

ب. إنها ضد تركيز القيادة في يد فرد وتنبع من المبادئ الديمقراطية.

ج. استخدام المشاركة كأسلوب قيادي، أي إشراك القادة للأعضاء في القيادة، بمعنى تخويل الأعضاء سلطة اتخاذ القرار وإصدار الأوامر. وكلما ازدادت المشاركة الإيجابية كلما كان ذلك محققاً لمفهوم القيادة الاجتماعية.

د. تتحدد القيادة الجماعية وتتطوّر بحسب بناء الجماعة ونوع الاتصال بين أعضائها وبين القائد ونوع العلاقات الاجتماعية بينهم ومراكز القوة فيها وحرية الحركة فيها.

٢. القيادة الإدارية

أ. المدير يستطيع أن ينظر إلى نفسه على أنه قائد وإلى مرؤوسيه بوصفهم أعضاء في جماعة يتولى قيادتها.

ب. يدرس جماعته من حيث الأدوار التي يقوم بها أفرادها.

ج. ويمارس المدير هنا الإدارة الموقفية أي بحسب المواقف التي تحدث.

د. أعطاء المرؤوسين قدراً كبيراً من الحرية في وضع خطة العمل وتحديد الأهداف.

هـ. العمل على تماسك الجماعة والحفاظ على قوة بنائها مما يحسن أداء المرؤوسين.

٣. القيادة العسكرية

أ. فن التأثير على الرجال توجيههم نحو هدف معين تضمن بها طاعتهم وثقتهم وولائهم وكلها لابد منها لإحراز النصر في المعركة وتحقيق الهدف.

ب. يتحلى القائد الجيد بالسمات القيادية الديمقراطية والثقافة العامة، والتدريب العملي، والصحة النفسية.

ج. دلائل نجاح القيادة العسكرية ارتفاع الكفاءة القتالية للجماعة والتزام الأفراد بقواعد الضبط وارتفاع الروح المعنوية وسيادة روح الفريق.

نظريات القيادة

١. النظرية الوظيفية:

والقيادة في ضوء هذه النظرية هي:

أ. القيام بالوظائف الجماعيّة التي تساعد الجماعة على تحقيق أهدافها.

ب. ينظر إلى القيادة في جملتها على أنها وظيفة تنظيمية.

ج. يهتم أصحاب هذه النظرية بالسؤال عن كيفية توزيع الوظائف القيادية في الجماعة.

٢. النظرية الموقفية

والقيادة في ضوء هذه النظرية هي:

أ. يقوم بها الفرد في موقف معين.

ب. يمكن لأي عضو أن يصبح قائداً في موقف يمكنه من القيام بالوظائف القيادية المناسبة لهذا الموقف.

ج. الفرد الذي يكون قائداً في موقف قد لا يكون بالضرورة قائداً في موقف آخر فقد يصلح أن يقودها الفرد في وقت الحرب بينما لا يصلح لقيادتها في وقت السلم.

د. لا يظهر القائد إلا إذا تهيأت له الظروف في المواقف الاجتماعية لاستخدام إمكانياته القيادية.

٣. النظرية التفاعلية

والقيادة في ضوء هذه النظرية هي:

١. تقوم على أساس التكامل والتفاعل بين كل المتغيرات الرئيسية في القيادة وهي:

أ. القائد وشخصيته ونشاطه في الجماعة.

ب. الأتباع، اتجاهاتهم وحاجاتهم ومشكلاتهم.

ج. الجماعة نفسها بناؤها، والعلاقات بين أفرادها وأهدافها.

د. المواقف كما تحددها العوامل المادية وطبيعة العمل وشروطه.

٢. تركز هذه النظرية على تفاعل القائد مع الأتباع، وإدراك القائد لنفسه وإدراك الأتباع له، والإدارة المشترك بين القائد والأتباع والجماعة والموقف.

٣. القيادة عملية تفاعل اجتماعي، فالقائد عضو في الجماعة يشاركها معايرها وقيمها وأهدافها وآمالها ومشكلاتها وسلوكها الاجتماعي.

٤. نظرية الرجل العظيم، والقيادة في ضوء هذه النظرية هي:

أ. أصحاب هذه النظرية يؤكدون أن بعض الرجال العظام يبرزون في المجتمع لما يتسمون به من قدرات ومواهب عظيمة وخصائص وعبقرية تجعل منهم قادة أياً كانت المواقف الاجتماعي التي يواجهونها.

المبادئ الأساسية للقيادة

١. الشورى

لا بد من القائد أن يلتزم التشاور مع أهل العلم والمعرفة ومن بوسعهم تقديم النصح والمشورة الصحيحة، وممارسة الشورى تمكن أفراد الجماعة من المشاركة في صنع القرار، وتحكم سلوك القائد، وترشده في حالة الانحراف عن الأهداف الكبرى.

والقائد غير ملزم بممارسة الشورى في جميع الأمور، فالأعمال اليومية العادية لا تعامل بالأسلوب الذي تعامل فيه الأمور المتعلقة برسم السياسات وصياغتها.

٢. العدل

على القائد أن يتعامل مع الآخرين بالعدل والإنصاف بغض النظر عن أجناسهم أو ألوانهم أو أصولهم القومية أو الدينية بالإضافة إلى مراعاة المبدأ العام بأن العدل هو أساس المجتمع، فإن على القائد أن يقيم هيئة للقضاء والتحكيم داخل الجماعة لتسوية النزاعات الداخلية ورد المظالم ويكون أفرادها من ذوي الدراية والتقوى والحكمة.

٣. حرية الفكر

على القائد أن يوفر المناخ المناسب للنقد البناء وأن يطالب به شخصياً واللاتباع حق التعبير الحر عن آرائهم وإبداء اعتراضاتهم والمطالبة على الرد على استفساراتهم.

وعلى القائد أن يسعى لتوفير المناخ المناسب للتفكير الحر، والتبادل السليم للأفكار والنقد والشورى، كي يشعر الأتباع بالطمأنينة في النقاش وتداول ما يهمهم من أمور ولا بد من الاحترام للآراء واتخاذ القرارات بعدالة وتجرد.

المميزات الثمان للقيادة المرتكزة على المبادئ لستيفن كوفي

الميزة	معناها
التعليم	أنت تبحث عن التدريب وتحضر الدروس وتستمع وتسأل.
توجيه الخدمة	أنت ترى الحياة "كمهمة" وليست كمهنة.
إشعاع الطاقة الإيجابية	أنت مبتهج ودمث وسعيد ومتفائل وإيجابي ومتحمس وتثق بقدرات الآخرين.

العدل في معاملة الآخرين	أنت لا تبالغ في ردة الفعل على التصرفات السلبية، ولا تحمل الضغائن ولا تحكم على الناس ضمن قوالب جامدة ولا تصدر عليهم أحكاماً مسبقة.
تحيا حياة متزنة	أنت متزن ومعتدل وحكيم ومنطقي وواضح ومباشر وغير مناور ونشط جسدياً واجتماعياً ومثقف، ولست متعصباً أو مدمناً، تتقبل المدح واللوم بطريقة مناسبة، ويسعدك نجاح الآخرين.
ترى الحياة كمغامرة	أنت شجاع ولا تستسلم للهزيمة وتستكشف الحياة بمرونة وتلذذ.
التكامل	أنت تدفع الآخرين للتغيير والتعاون والإنتاج.
تشارك في التدريبات الجسدية والعقلية والعاطفية والروحية لتجديد الذات	تشارك في التدريبات الرياضية، وتحب القراءة والكتابة وحل المشاكل بإبداع، أنت عاطفي ولكنك صبور، تستمع بالتفاعل الاجتماعي وتظهر حباً غير مشروط، أنت تصلي وتتأمل وتصوم وتقرأ كتاب الله.

صفات القادة ومقوماتهم

١. الالتزام بالسلوك الإيجابي

لا يمكن أن يعلو القائد على واجب الالتزام بأوامر الإسلام واجتناب نواهيه، وعليه أن يلتزم بالسلوك الإيجابي، وأن يكون قدوة حسنة للآخرين.

٢. الولاء

إن ولاء كل من القائد والأتباع هو لله سبحانه

٣. الأهداف الكبرى

يقتصر فهم القائد لأهداف العمل من خلال مصالح الجماعة وفهمها في ضوء الأهداف الإسلامية.

٤. الأمانة الموكلة

يمارس القائد سلطاته كأمانة من الله بتعهدها بما يترتب على ذلك من مسؤولية عظيمة.

٥. المبادأة والابتكار والمثابرة والطموح

فهو أكثر الأعضاء في الجماعة مباداة بالعمل وأكثرهم قدرة على الابتكار في المواقف الاجتماعية، وتتوقع الجماعة منه أن يكون أكثر مثابرة وأقوى احتمالاً ومستوى طموحه أعلى من الفرد المتوسط.

٦. التفاعل الاجتماعي

فيكون أكثر وداً وحرارة في استجاباته وانفعالاته.

٧. السيطرة

استخدامها باعتدال وعدالة .

٨. التكامل

العمل على تخفيف حدة التوتر وجمع شمل الجماعة .

٩. الإعلام

القدرة على إيصال المعلومات على كافة الاتجاهات .

١٠. **النظام والتنظيم والتخطيط**

تركيز انتباه الجماعة نحو الهدف من أجل تحقيقه.

١١. **التوافق النفسي الاجتماعي**

تقبل النقد البناء وعدم التأثر السلبي والاستفادة منه والاعتراف بالأخطاء والمبادرة إلى إصلاحها.

١٢. **العلاقات الوطيدة مع الإتباع** ومراعاة مشاعر الآخرين.

١٣. **الحرص على سلامة التماسك الاجتماعي**، فهو أمين ورقيب ومسؤول.

مقومات الأساسية للقيادة

المفهوم الأساسي	معناه
الرؤية المرشدة	لديك فكرة واضحة عما تريد أن تحققه ـ مهنياً وشخصياً وتملك العزيمة وعدم اليأس أمام العقبات أو حتى الفشل.
العاطفة	لديك عاطفة كامنة تدفعك نحو تحقيق إنجازات متميزة في المستقبل، بالإضافة إلى رغبة خاصة للاستمتاع بكل ما تعمل.
المصداقية	مصداقيتك مشتقة من معرفة الذات والصراحة والنضج أنت تعرف نقاط قوتك وضعفك، وأنت صادق تجاه مبادئك وقد تعلمت من التجربة العمل مع الآخرين وتتعلّم منهم.
الثقة	كسبت ثقة الناس.
الفضول	تتساءل عن كل شيء وتريد أن تتعلّم بقدر ما تستطيع.
الجرأة	مستعد لقبول المخاطر والتجارب، وتجربة شيء جديد.

صفات ماكس ديبرية للقيادة

الصفة	معناها
الاستقامة	أنت مستقيم في كل تصرفاتك.
معرفة قصورك	تثق بقدرات الناس الآخرين، وتسمح للناس الذين يتبعوك أن يعملوا بأفضل قدراتهم .
الفطنة	تبدي نفاذ بصيرة وحكمة وقرارات صائبة.
فهم النفس الإنسانية	تفهم اهتمامات وطموحات وصراعات النفس الإنسانية.
الشجاعة في العلاقات	تواجه ببسالة القرارات الصعبة، وتتصرف بأمانة.
المرح	أنت تقبل بصدر رحب اختلافات وجهات النظر وتحب الفكاهة والدعابة.
الطاقة الفكرية والفضول	اندفاعك للتعلّم بقوة.
احترام المستقبل واعتبار الحاضر وفهم الماضي	أنت قادر على الرجوع للوراء وللأمام باستمرار بين الحاضر والمستقبل، وتبني على عمل من سبقوك
القدرة على التنبؤ	أنت لا تتبع الأماني ولكنك تبني على مؤشرات وخطط.
سعة أفق التفكير	رؤيتك لما تستطيع المنظمة أن تنجزه تتسع لتحتوي رؤى الآخرين
راحة مع غموض	تصنع شيئاً ذا معنى من الفوضى.
الحضور	تتوقف لتسأل وتجيب، أنت صبور وتستمع للمشاكل وتسعى لفهم الفوارق الضئيلة، ولا تفوتك الإشارات الخفية.

صفات جون غاردنر للقيادة

الصفة	معناها
الحيوية الجسدية	لديك طاقة عالية المستوى وتتحمل جسدياً العمل الطويل.
الذكاء والحكمة العملية	باستطاعتك تجميع المعطيات الصعبة مع المعطيات المحيرة والتخمينات الحدسية للوصول إلى استنتاجات تثبت الأيام صحتها.
الرغبة والاستعداد لتحمل المسؤولية	لديك دافع لأخذ المبادرات في المواقف، تخطو للأمام عندما يحجم الجميع .
الكفاءة	لديك تمكن من المهمة التي بين يديك.
فهم احتياجات إتباعك	لديك فهم واضح للاحتياجات المتباينة لمن يعمل معك.
المهارة في التعامل مع الناس	تقييمك سليم لمدى استعداد أو رفض من معك للتحرّك في الاتجاه المرسوم وأنت تفهم دوافعهم والأمور الحساسة لديهم.
الرغبة في الإنجاز	لديك ضغط متواصل لتحقيق النتائج .
القدرة على التحفيز	لديك قدرة جيدة على الحوار والإقناع وتحريك الناس نحو الأهداف
الشجاعة والحزم والثبات	أنت مستعد لتحمل المخاطر ولا تستسلم أبداً وتبقى سائراً على الدرب.
القدرة على كسب ثقة الناس	لديك قدرة فائقة على نيل ثقة الناس والمحافظة عليها.

معناها	الصفة
تؤدي الواجبات التقليدية مثل تشكيل الأهداف وترتيب الأولويات وتحديد اتجاه العمل واختيار المساعدين وتفويضهم بصورة إيجابية.	القدرة على الإدارة وأخذ القرار وترتيب الأولويات
ترشح نفسك للمسؤوليات القيادية باستمرار ولديك ثقة بأن الآخرين سوف يتصرفون بصورة إيجابية تجاه عرضك للقيادة.	الثقة
لديك دفاع قوي لتولي زمام الأمور.	الهيمنة والسيطرة
تستطيع الانتقال ببراعة وبدون تردد من تكتيك فاشل إلى أسلوب آخر، وإذا لم ينجح فما زال بإمكانك الانتقال إلى آخر.	التكيف والمرونة

مهارات القائد ومسؤولياته

١. التخطيط للأهداف القريبة والبعيدة.

٢. وضع السياسات من مصادرها الثلاثة، مصادر قومية عن السلطات العليا للجماعة، ومصادر تحتية نابعة من أعضاء الجماعة، مصادر ذاتية نابعة من نفس القائد.

٣. الأيديولوجية فهو مصدر الأفكار والمعتقدات.

٤. الخبرة، فهو مصدر الخبرة والمعرفة.

٥. العضوية الكاملة في الجماعة فيكون لديه نمط من الاتجاهات والميول والولاء للجماعة.

٦. رمز للمثل العليا فهو يتّصف بحسن السمعة والشهرة وقدرته على النجاح.

٧. قدرة على التنظيم والإدارة.

٨. المرونة، أن يتكيف بسرعة مع الظروف المستحدثة، وبشكل مناسب.

٩. القدرة على إيجاد روح معنوية عالية في جماعته، ويكون بارعاً في الإبقاء عليها، وأن يجعل أهداف الفرد ونشاطاته متوافقة مع أهداف الجماعة مما يرفع الروح المعنوية، وتقوية وحدة الصف بتأكيد على الأخطار المشتركة.

١٠. الإدارة والتنفيذ، تنسيق أمور الجماعة ومراقبة تنفيذ السياسة وتحقيق الأهداف.

١١. حل النزاعات والصراعات داخل الجماعة والمحافظة على وحدتها.

١٢. المحافظة على الضبط والربط في الجماعة باستخدام أسلوب الثواب والعقاب.

١٣. الاستمرار في أداء مهمته بكل الظروف.

١٤. إنسانية التعامل والتفاعل الإيجابي الإنساني مع الاتباع.

١٥. الرؤية الشمولية

المهارات الأساسية السبع للقيادة لبيرت نانوس.

المهارات الرئيسية	معناه
بعد النظر	نظرك مركز على الأفق لا تلتفت عنه حتى وأنت تخطو تجاهه.
إدارة التغيير	أنت تنظم سرعة واتجاه وإيقاع التغيير في المنظمة ليصبح نموها وتطورها متوافقاً مع سرعة الخطى الخارجية للأحداث.
تصميم المنظمة	أنت تبني هيكل المنظمة لتكون قادرة على النجاح في تحقيق الرؤية المرغوبة.
التعلم المستمر	أنت متعلّم مدى الحياة، وملتزم بتطوير المنظمة المتعلمة دوماً.
المبادرة	لديك قدرة لبدء التجارب الجديدة وتحقيق نتائج واضحة فيها.
إدارة التكامل	أنت تلهم الآخرين لتقاسم الأفكار وتبادل الثقة بينهم، وللاتصال الجيد والمتكرر والبحث عن حلول مشتركة للمشاكل.
المصداقية العالية	أنت عادل وأمين ومتسامح ويمكن الاعتماد عليك، ومتفهم ومنفتح ومخلص وملتزم بأفضل المبادئ الأصلية.

مميزات قادة القيم لجيمس أوتول

الصفة	معناها
الرؤية المبدئية	أنت لا تفقد رؤية أهدافك أبداً أو تتنازل عن مبادئك وأنت صاحب مبادئ وشخص عملي في نفس الوقت.
الثقة	أنت تعكس قيم وطموحات مرؤوسيك، أنت تقبل القيادة كتكليف وليس كتشريف وتحرص على تقديم الخدمات للآخرين .
الاستماع	أنت تستمع للناس الذين تخدمهم، ولكنك لست أسيراً للرأي العام كما أنك تشجع الآراء المخالفة بين مستشاريك، وتختبر الأفكار، وتستكشف كل جوانب الأمر.
احترام المرؤوسين	أنت قائد القادة، أنت عملي جداً، ولكنك تؤمن بحماس بكل ما تقول أو تفعل.

العادات السبع لأكثر الناس نجاحاً لستيفن كوفي .

العادة	معناها
كن إيجابياً	أنت مسؤول عن تصرفاتك ولا تلوم الظروف أو الأحداث، لديك تحكم في ردود أفعالك تجاه كل شخص أو كل موقف.
ابدأ ونظرك على الغاية	تستطيع أن ترى بوضوح المستقبل الذي تود تحقيقه، لديك رؤية واضحة إلى أين تريد الذهاب وما الذي تود إنجازه، تعيش حياتك طبقاً لعقائد ومبادئ راسخة.
ابدأ بالأهم	حياتك منضبطة تركز بشدة على النشاطات ذات الأهمية الكبيرة وقد لا تكون مستعجلة مثل بناء العلاقات أو كتابة رسالتك في الحياة أو التخطيط طويل المدى أو الرياضة، أنت قادر أن تقول لا للأشياء التي تبدو مستعجلة ولكنها غير مهمة.

معناها	العادة
أنت تؤمن أن نجاح شخص ما لا يتطلب فشل شخص آخر، أنت تسعى لحلول تكاملية للمشاكل، وتسعى لإيجاد الحلول المفيدة لجميع الأطراف	فكر بعقلية اكسب وكسّب
أنت تسمع بنية جادة وعميقة لتفهم الشخص الآخر عاطفياً وعقلياً، أنت تشخص المشكلة قبل أن تصف العلاج.	أسعى أن تفهم قبل أن تفهم
أنت مبدع ورائد، وتؤمن أن الكل أكبر من مجموع أجزائه، وتقدر الاختلافات بين الناس وتحاول أن تبني على هذه الاختلافات، وعندما تواجه بخيارين متناقضين فإنك تبحث عن ثالث أكثر إبداعاً.	تكامل
تسعى للتطوير الدائم المستمر، والإبداع والدقة، وأنت دائم السعي للتعلم.	جدد الطاقة

الصفات والمهارات المطلوبة في القادة

يمكن تصنيف العوامل التي تحدد معالم الشخصية القيادة بما يلي:

أ. عوامل أثبتها البحث العلمي.

ب. عوامل أثبتها التجربة العملية.

ج. عوامل عبر عنها الأتباع .

يوجد بالطبع قدر من التداخل بين هذه المقاربات الثلاثة المتعلقة بظاهرة القيادة، لأنها كلها تعالج الموضوع نفسه.

أ. عوامل أثبتها البحث العلمي.

وبرزت هذه العوامل في ما نشر من نتائج البحوث العلمية التي أجريت على شخصيات قيادية ناجحة. ورجال أعمال ومسؤولي مشروعات موفقة. (تنطبق هذه الصفات على النساء كانطباقها على الرجال).

١. القدرة الذهنية: ليس من الضروري أن يكون المرء عبقرياً.

٢. الاهتمامات والقدرات الواسعة: ليس القائد الناجح أسير تخصص ضيق، بل يمتلك فهماً عاماً وثقافة واسعة ولديه قدرات متنوعة واهتمام خاص بالعمل المناط به إضافة إلى اهتمامه بالعديد من القضايا والنشاطات المطلوبة الأخرى في المحيط الذي يتحرك فيه. إنه شخص موهوب وواسع المدارك والآفاق.

٣. مهارات الاتصال والتخاطب: لقد كانت إحدى صفات الرسول عليه السلام البارزة أنه "أفصح العرب لساناً" وجاء في معجم كامبردج لتاريخ الأدب الأمريكي أن الرئيس لنكولن لم يفز بقيادة حزبه عام ١٨٦٠ بسبب سياساته أو أعماله وإنما بأسلوبه في التخاطب والتعبير. وكما يقولون في كل الثورات، "فالأقدار على التعبير عنها هم الذين يقودونها".

٤. النضج: لا أثر للطباع الطفولية في شخصية القائد الناجح، وتتسم جميع توجهاته وتصرفاته بسمات الرجولة والنضج وتقدير المسؤولية. أما نفسياً فهو دائم الاطمئنان والتوازن في ذاته مما يجعله مصدراً للأمان والطمأنينة لدى إتباعه.

٥. الهمة العالية: لقد تعارف البشر منذ القدم على أن قوة الشخصية والإقدام وروح المبادرة والشجاعة والعزيمة كلها من الصفات البارزة للقيادة القوية. فالقائد الناجح يحبذ وضع الخطط وتنظيم عمل الآخرين وتوجيههم، فهو ذو توق عظيم للإنجاز.

٦. المهارات الاجتماعية: القيادة أساساً هي تحقيق العمل من خلال الآخرين، مما يبين أن القائد الناجح لا بد أن يعتمد كثيراً على المهارات الاجتماعية. فعلى الرجل القيادي أن يراعي مشاعر الآخرين وميولهم سواء الظاهر منها أو الخفي، كما ينبغي عليه أن يظهر قدراً كبيراً من الاهتمام بالآخرين كي يكون أكثر تأثيراً فيهم.

٧. القدرات الإدارية: أن التأمل والتأصيل والإبداع والتخطيط والتنظيم والتوجيه والقدرة على الإنجاز وتقويم الناس والتمحيص والتعليم والإيحاء والتحليل وقوة الملاحظة وبعد النظر والقدرة على التحسين والتخليص وإعداد التقارير واتخاذ القرارات والإنجاز مهارات أهم من تلك المهارات الفنية أو التقنية الخاصة ذات العلاقة بالعمل، ويعتمد عليها القادة بشكل خاص.

ب. عوامل أثبتتها التجربة العملية

هذه العوامل هي حصيلة التجارب والخبرات للقادة الذين مارسوا التنفيذ والقيادة وتولوا تنظيم الأعمال والنشاطات:

أولاً: الصفات المتوقعة في الشخص القيادي :

١. سلامة الخلق.

٢. براعة التأمل والتصور.

٣. الملكة الإدارية والتنظيمية.

٤. إنصاف الجميع.

٥. تنوع الاهتمامات.

٦. القدرة على التوجيه.

٧. النضج العاطفي.

٨. الاهتمام بالتخطيط.

٩. احترام النفس واحترام الآخرين.

١٠. الجد والمثابرة.

١١. الحسم في القرار.

١٢. حسن التنظيم والترتيب.

١٣. كونه موثوقاً ويعتمد عليه.

١٤. الحماسة .

١٥. النشاط والطاقة.

١٦. الاهتمام بتدريب الآخرين.

١٧. حسن التعبير (تحدثاً وكتابة).

١٨. المنطقة واستقامة التفكير.

١٩. اليقظة وحدة الذهن.

٢٠. تقدير المسؤولية.

٢١. التطلع نحو الأفضل.

٢٢. ثراء الأفكار والإمكانات.

٢٣. روح المبادرة والجد في العمل.

٢٤. الإخلاص لله والصدق مع الناس.

٢٥. الشعور الإنساني الفياض.

٢٦. الزهد في المنصب (طالب الولاية لا يولى). .

ثانياً: المعرفة المفترضة في القائد :

١. أهداف العمل ومبادؤه وغاياته.

٢. الهيكل التنظيمي وتوجهاته.

٣. الواجبات والمسؤوليات.

٤. سياسات المنظمة وممارساتها وإجراءاتها.

٥. مبادئ أساسية في الاقتصاد.

٦. مبادئ الإدارة العلمية وأساليبها.

٧. منتجات المنظمة ومجالات عمله.

٨. التخطيط والجدولة الزمنية والمراقبة.

٩. احتياجات الأنفاق ومراقبتها.

١٠. معرفة مهنية وتقنية وتجارية وعملية.

١١. متطلبات الجودة والتحكم بها.

١٢. مبادئ أساسية في الرياضيات واللغة والعلوم الطبيعية.

١٣. القوانين والتشريعات المتعلقة بعمله.

١٤. المعايير والمقاييس المتعلقة بعمله.

١٥. قوة الشخصية ومستلزمات تطويرها.

١٦. فن وعلم التفكير المبدع .

١٧. مبادئ وأساليب العلاقات الإنسانية.

١٨. مبادئ وأساليب ووسائل الانتقاء والتوظيف.

١٩. مبادئ وأدوات وأساليب التدريب.

٢٠. نظام المكافآت والجزاء في المنظمة.

٢١. صيانة الآلات والمعدات والمواد.

٢٢. وظائف وحدات العاملين في المنظمة.

٢٣. الاتصالات .

٢٤. متطلبات السلامة في العمل والبيت وأوقات الترفيه.

٢٥. الأفراد والآلات والمواد والوسائل.

٢٦. تحقيق إنتاجية عالية ونوعية جيدة بتكلفة منخفضة.

ثالثاً: المهارات: على القائد أن يتمتع بمهارات في المجالات التالية:

١. التفكير المبدع.

٢. التخطيط والتنظيم والتنفيذ والمتابعة.

٣. التعليم والتوجيه والتدريب الميداني.

٤. توزيع العمل على أعضاء الفريق.

٥. توفير المواد والمعدات والتجهيزات.

٦. انتقاء الأفراد وتوظيفهم .

٧. تزويد الآخرين بالمعلومات أولاً بأول .

٨. القدرة على المراقبة والتحكّم.

٩. التقليل من التالف والاستهلاكات.

١٠. ضبط الإنفاق.

١١. متطلبات الجودة وضبطه. ا

١٢. تنفيذ السياسات والعقود والإجراءات.

١٣. العناية بسلوك الموظفين ورفاههم.

١٤. التعاون مع الآخرين.

١٥. تدوين الأحداث والأعمال والتفاصيل.

١٦. وضع الأنظمة واللوائح موضع التنفيذ.

١٧. معالجة مشاكل الموظفين .

١٨. التمسك بمبادئ السلامة دوماً.

١٩. مواجهة الطوارئ .

٢٠. مراعاة النظافة والترتيب.

٢١. مداومة الدراسة والتعلم لتحسين الأداء.

٢٢. الإخلاص في العمل وعدم إضاعة الوقت.

٢٣. الإلمام بالتطورات والمحافظة على اللياقة البدنية.

٢٤. تقديم قدوة حسنة.

٢٥. القيادة من أجل زيادة الإنتاجية وجودة النوعية وتخفيض التكاليف.

ج. عوامل أكدها الأتباع

وهي مقومات قيادية لاحظها العاملون في قادتهم من خلال مواقف مختلفة وعبروا عنها:

١. مراعاة مشاعر الآخرين.

٢. التحرر والنزاهة.

٣. الأمانة والاستقامة .

٤. الإتقان.

٥. معرفة الناس.

٦. ضبط النفس .

٧. الشجاعة .

٨. الوضوح والصراحة .

٩. الحسم.

١٠. الوقار والهيبة.

١١. الاهتمام بالآخرين.

١٢. حب المساعدة .

ويمكننا أن نضيف إلى هذه القائمة عوامل أخرى خاصة لأوضاع محددة كالتي تتطلب مستوى تعليمياً معيناً أو قدرات جسمانية خاصة.

من يمتلك تلك الصفات؟

لكي نحدد مَنْ منَ الناس يمتلك الصفات القيادة اللازمة، لا بد من تقويم المرشحين حسب مجموعة من المعايير، ويتم ذلك بالأساليب التالية:

أ. الاختبار

وسواء كان الاختبار موضوعياً أو ذاتياً، فهو يحدد الأمور التالية:

أ. الميول (وهي خصائص غير مطلقة).

ب. القدرات الكامنة (التي ربما لم تتم تنميتها بعد).

ج. نقاط عجز محتملة (وهي تظل كامنة حتى يثبت العكس) في ثلاث مجالات رئيسة، هي:

١. الطاقة على العمل (الهمة ـ المعرفة ـ المهارات ـ القدرات).

٢. الرغبة في إنجاز العمل (روح المبادرة ـ التحرك الذاتي ـ الحركة الدافعة)

٣. القدرة على الانسجام (مع النفس ومع الآخرين).

ب. التجريب

يمكن وضع الشخص القيادي تحت تجربة قيادية في تناول مختلف المشاكل، وهي معدة خصيصاً لاختباره على مدى فترة زمنية قصيرة، يتم خلالها إخضاعه لمراقبة دقيقة مستمرة من محكمين مؤهلين وقادرين على تحليل تصرفاته وأعماله وتقويمها.

ج. الملاحظة

من خلال محصلة الاختبار والتجريب وما يتبع من وسائل وأساليب، تتكون كمية من المعلومات والنتائج الهامة، إلا أن قدراً هاماً من المعلومات يظل غير معروف. ولاستكمال التقويم، تجري مراقبة تصرفات الفرد ومواقفه وأحواله في أوضاع حياتية عامة.

تذكر دائماً أن:

- لا يتجاوز المرشح للقيادة الحد الأعلى أو يتخلف عن الحد الأدنى من مقاييس القيادة التي تحددها اللوائح.

- على المرشح للقيادة ألا يمتلك نقيصة تطغى على خصاله الحسنة.

- المرشح للقيادة قادر على العمل والعطاء تحت ظروف تقتضي التعليم المكثف.

- المرشح للقيادة هو الذي يجيب تلقائياً بنعم على السؤال: "هل نحن آمنون تحت إمرتك وبين يديك؟".

مقياس الكفاءة القيادية

لتقويم مستوى الشخص القيادي علينا الإجابة على أسئلة الاستبيان المدرجة أدناه، والتي يمكن الإجابة عليها من قبل شخص أو أكثر من ذوي العلم والخبرة وممن عرفوا الشخص المرشح معرفة جيدة، ثم يؤخذ متوسط مجموع الإجابات، للوصول إلى نتائج أقرب إلى الصواب.

تعليمات

٭ على المجيب أن يضع علامة في خانة واحدة لكل بند.

٭ وعلى المقوّم أن يحسب النقاط الخاصة بكل بند ويخرج بمتوسط درجة كل بند، إذا وجد أكثر من مجيب واحد، ثم يجمع الدرجات لتحديد الدرجة النهائية لكل مرشح.

الأسئلة (مع الشرح)

١. الريادة: يتمتع بعضهم بمواهب مميزة للقيادة، وتشرئب إليهم أنظار من حولهم، وكثيراً ما يحتلون مراكز الصدارة ويتوقع منهم التقدّم للقيادة في أي عمل. كما نجد على الطرف الآخر أناساً يرضيهم أن يكونوا تابعين لا توكل إليهم مهام من أي نوع. بين

هذين النوعين من البشر يوجد أشخاص لهم قدرات القيادة بدرجات متفاوتة استناداً إلى ملاحظتك لأداء شخص معين كيف تقوم هذا الشخص مقارنة بأقرانه؟

(٥ نقاط) ـ قيادي من الطراز الأول

(٤ نقاط) ـ قيادي في أغلب الأحوال

(٣ نقاط) ـ متوسط الكفاءات القيادية .

(نقطتان) ـ يميل إلى الانقياد أكثر من القيادة .

(نقطة) ـ تابع مأمور لا يحيد عن التبعية

٢. أصالة التفكير: بعض الناس مستقلون ومبدعون في تكفيرهم، ولهم "آراؤهم الخاصة" في معظم الأمور. فهم يحللون الأمور ويفسرونها ويتوصلون إلى أفكار واقتراحات أصيلة حول منهج العمل. بينما هناك آخرون لا نصيب لهم من ذلك، وكثيراً ما يبحثون عن الحلول لدى الآخرين، قبل أن يعملوا فكرهم، فليعتمد تقديرك للشخص على ما يقوم به من أعمال فعلاً.

(٥ نقاط) ـ أصيل التفكير فوق العادة.

(٤ نقاط) ـ أكثر إبداعاً من الشخص العادي.

(٣ نقاط) ـ في مستوى غالبية الناس.

(نقطتان) ـ يميل إلى الاعتماد على غيره في الأفكار.

(نقطة) ـ لا يظهر أي رغبة في التفكير الأصيل.

٣. سحر الشخصية: يتمتع بعض الناس بالقدرة على إشاعة البشاشة فيمن حولهم فهو ألفٌ مألوف، بينما يخلف البعض الآخر انطباعاً سيئاً بالشكاسة والجفاء والاستعلاء لدى من يقابلونهم. ويلقى صاحب الشخصية البشوشة الترحيب في كل مكان وتأتيه

الدعوات من كل جانب ويكثر أصحابه ومعارفه، فأن الشخصية المنفرة فلما يسعى إليها الناس، وغالباً ما يكون صاحبها مهملاً من الآخرين. المطلوب هنا تقويم الشخص من حيث مواقفه تجاه الناس ومواقف الناس تجاه:

(٥ نقاط) ـ من أكثر الناس قبولاً في المجتمع، يألف ويُؤلف.

(٤ نقاط) ـ يتمتع بشعبية جيدة.

(٣ نقاط) ـ متوسط – يلقى الترحيب المعتدل لكنه غير متميز.

(نقطتان) ـ قليل الشعبية.

(نقطة) ـ يترك انطباعاً سيئاً لدى أغلب الناس.

٤. الاتصال بالناس: بعض الناس قادر على التحدّث بأسلوب يجذب اهتمام الآخرين وعلى توصيل أفكاره بصورة تلقائية وواضحة، بينما على الضد من ذلك، هناك من يتحدث ببطء وبتردد وبطريقة غير جذابة. وبينهما أناس على درجات متفاوتة من القدرة على التخاطب والاتصال بالآخرين. المطلوب هنا تقويم الشخص مقارنة بغيره. هل يفهم الناس ما يقول بسرعة وبسهولة؟ هل ينصتون إليه في يسر ومتعة عندما يتكلم؟ حاول أن تتذكر تجارب محددة في هذا الشأن.

(٥ نقاط) ـ متحدّث بارع.

(٤ نقاط) ـ فوق المتوسط في القدرة على التعبير وتوصيل الأفكار.

(٣ نقاط) ـ على مستوى أغلبية الناس.

(نقطتان) ـ متحدّث غير جيد.

(نقطة) ـ على مستوى متدن جداً في الحديث.

٥. أمين ويمكن الاعتماد عليه: بعض الناس موثوقون لدى الآخرين، ويعتبرون أمناء في جميع المواقف، ويحوزون على احترام الجميع. والصورة المقابلة هو الشخص الذي لا أمانة له ولا يمكن الاعتماد عليه في شيء والمطلوب دراسة المرشح كما تعرفه أنت شخصياً وبناءً على ما عرف عنه وتحديد موقعه في ميزان الثقة والقوة مقارنة بمن حوله.

(٥ نقاط) ـ يتمتع بدرجة عالية من احترام الناس وثقتهم.

(٤ نقاط) ـ في عداد من يعتمد عليهم.

(٣ نقاط) ـ على مستوى أغلبية الناس.

(نقطتان) ـ يعتمد عليه في بعض الأحيان.

(نقطة) ـ لا يعول عليه.

جدول العلامات

	البند الخامس	البند الرابع	البند الثالث	البند الثاني	البند الأول	
						إجابة الشخص الأول
						إجابة الشخص الثاني
						إجابة الشخص الثالث
						إجابة الشخص الرابع
						إجابة الشخص الخامس
						معدل البنود
						المجموع النهائي

جدول تقويم: كيفية تمييز الفائز من الفاشل

الفائز	الفاشل
- يلتزم بتعهداته	- يُطلق الوعود جزافاً
- يدرس المشكلة جيداً	- يلف ويدور حول المشكلة ولا يواجهها
- يحترم غيره من المتفوقين ويسعى للتعلم منهم.	- يمقت الفائزين ويترصد مثالبهم
- يعرف متى تكون المواجهة ومتى تقبل الحلول الوسط	- يرضى بالحلول الوسط في الأمور الأساسية ويواجه في الأمور الفرعية التي لا تستحق المواجهة
- يشعر بالمسؤولية حتى خارج نطاق دائرته	- لا يهتم إلا بمحيط عمله الضيق فقط
- لا يتهيب كثيراً من الإخفاق أو الخسارة	- يتوجس في قراره نفسه من النجاح
- قنوع ويسعى نحو الأفضل	- يتبجح بأن هناك من هم أسوأ منه حالاً بكثير
- يفضل احترام الناس لمواقفه على حبهم لشخصه وإن كان يسعى لتحقيق كليهما	- يسعى لاكتساب محبة الناس لشخصه أكثر من إعجابهم بمواقفه ومستعد أن يتحمل بعض الازدراء ثمناً لذلك.
- يعترف بأخطائه إن أخطأ	- يتنكر للخطأ قائلاً: هذه ليست غلطتي أنا
- يعبر عن اعتذاره بتصحيح الخطأ	- يعتذر ثم يعيد ارتكاب نفس الخطأ
- دؤوب في عمله ويوفر الوقت	- كسول ومضيع للوقت
- يتحرك بخطى محسوبة	- يتحرك بسرعتين فقط: سرعة جنونية وأخرى بطيئة جداً.
- يتمتع بثقة في النفس تجعله دمثاً	- يفتقر إلى الدماثة، فهو إما أن يكون خنوعاً وإما مستبداً على التوالي.
- يوضح الأمور ويفسرها	- يغلف الأمور ويشوشها.
- جيد الانصات	- يتحفز للكلام بلا هوادة
- يبحث عن سبل أفضل للعمل	- مقلد، ويتبع الروتين باستمرار
- دائم البحث والتنقيب وحب الاستطلاع	- بليد ومثبط للعزائم

تمرين

من تصرفات القادة

وضِّح في جمل مختصرة ما تفهمه من هذين الشعارين:

"الانهزامي لا يفوز . . . والفائز لا ينهزم!"

"قُدْ أو اتْبَعْ أو تنحّ عن الطريق!"

هل بإمكانك ربط الشعارين بمواقف معينة من تجربتك الخاصة؟

تمرين للتأمل

بعد استيعاب مادة هذا الكتاب، هل تعتقد أن بوسعك العثور على الشخص القيادي الذي تتوافر فيه جميع الصفات التي نوقشت في الكتاب؟ إذا لم يكن ذلك ممكناً فما هي النتائج التي يمكن الخروج بها من ذلك؟

ما رأيك في:

- القيادة الجماعية؟
- الشورى المستمرة الفعالة؟
- التكامل بين الأفراد؟
- روح الفريق؟
- أفكار أخرى؟

ناقش ما سبق . .

تقييم القدرات القيادية

تقييم قدراتك القيادة . . . هل أنت حقا . . .

مستمع جيد ☐	حي الضمير ☐	شفوق ☐
مخاطر ☐	مخلص ☐	حيوي ☐
صاحب رؤية ☐	شجاع ☐	متحمس ☐
نشط ☐	مبدع ☐	عادل ☐
قابل للتكيف ☐	جدير بالثقة ☐	بعيد النظر ☐
طموح ☐	فضولي ☐	قوي ☐
منجز ☐	جسور ☐	مرن ☐
حازم ☐	حاسم ☐	توجهه الأهداف ☐
واعي ☐	يعتمد عليه ☐	سعيد ☐
متوازن ☐	مباشر ☐	مجتهد ☐
مبتهج ☐	منضبط ☐	متطلع ☐
ملتزم ☐	مسيطر ☐	متواضع ☐
منافس ☐	مندفع ☐	مرح ☐
ذكي ☐	عملي ☐	تواق ☐
وفي ☐	مبادر ☐	روحاني ☐
ناضج ☐	منتج ☐	متزن ☐
معتدل ☐	محترم ☐	متماسك ☐
منفتح ☐	مسؤول ☐	ذو مصداقية ☐

متفائل	☐	لا يهدأ	☐	لا يقبل الاهانة	☐
عاطفي	☐	واثق بنفسه	☐	إيجابي	☐
صبور	☐	منطقي	☐	يعرف قصوره	☐
لائق جسدياً	☐	يراعي المشاعر	☐	حكيم	☐
دمث	☐	واضح	☐	اجتماعي	☐

اختيار القادة

يلجأ البعض إلى عدة طريق لاختيار القادة منها:

١. الاختبارات الموقفية وفي هذه الطريقة بوضع عدد من الأفراد في موقف معين يقومون فيه بسلوك اجتماعي مثل مناقشة موضوع أو حل مشكلة، ولا يكون من بينهم من أعطي أي مسؤولية، وبعد ذلك يلاحظ أي الأفراد أكثر مبادأة وأنشط وأكثر تأثيراً في سلوك الآخرين، وهذا هو القائد.

٢. ملاحظة السلوك في نماذج من مواقف عملية.

٣. المقابلة الشخصية .

٤. الانتخاب من خلال ملاحظة عامة في ظروف عامة يقوم بها العامة.

٥. اختيار القائد بحسب القدرة على القيام بالواجب أو المهمة أو العمل بدقة وإتقان.

فهناك القائد المختار والقائد المنتخب والقائد المعين.

٦. تدريب الأفراد على القيادة وإكسابهم مهارات قيادية ناجحة ومن طرق التدريب على القيادة طريقة تمثل الأدوار حيث يقوم الفرد بدور القائد في مواقف متنوعة أشبه ما تكون بمواقف الحياة اليومية.

فهذا يبدأ بالتعرف على السلوك ثم ممارسة السلوك ثم نقل ما تمّ تعلمه في فترة التدريب على العمل الحقيقي في القيادة.

فالقائد يمكن أن يكون قائداً من أصحاب السمات الشخصية أو قائداً متدرباً اكتسب الخبرة والمعرفة من خلال التدريب وهذا يبطل القول القديم "أن القادة يولدون ولا يصنعون" أن النظرية الحديثة للقيادة هي أنها يمكن تعلمها وتعليمها "وأن القائد يصنع أكثر مما يولد" ومن ثم يجب الاهتمام بتدريب القادة الجدد.

عوامل مؤثرة في القدرة على القيادة

يبدو أنه واضح جداً أنك تستطيع أن تتعلّم كيف تقود. ولهذا نجد أن ثلاث أرباع الشركات الأمريكية ترسل أناساً لتعلم أصول القيادة سنوياً.

وجميع كليات إدارة الأعمال تقدم برنامجاً لتعليم نظرية القيادة وبالإضافة لذلك فكل المؤلفين الكبار يدرسون نظريتهم الخاصة بهم في القيادة، وكثير منهم يدير مدرسة للقيادة، طبعاً يمكنك أن تتعلم القيادة وإلا فلن تقوم الشركات بدفع كل هذه المبالغ الضخمة في فصول التدريب، ولن يقدم هؤلاء المفكرون الكثير من الدورات في القيادة ما لم تكن شيئاً يستطيع الجميع أن يتعلموه، وإذا ما سألت المفكرين ـ أولئك الأشخاص الذين يقومون بتدريس معظم دورات القيادة ـ إذا كانوا يعتقدون أن القيادة يمكن تعلّمها، فإنك ستتلقى إجابة ممتعة سيقولون "نعم" وبعدها يراوغون بقولهم "ربما أو أحياناً" وبينما يرى وارين بينيس "لأنك تستطيع تعليم القيادة... القيادة شخصية وحكمة وهما شيئان لا يمكنك تعليمهما".

فإن بيتردركر يبين بوضوح أن "القيادة يجب أن تتعلمها وباستطاعتك أن تتعلمها".

ما رأيك؟ هل نستطيع أن نتعلم لنصبح قادة أم لا؟ الجواب هو نعم ولا، نستطيع أن نتعلم الأساليب والمهارات وطرق التخاطب، ونحوها بسهولة وبزمن قصير، ونستطيع أن نتقن النظريات والاستراتيجيات والأساليب القيادية من خلال دورات قصيرة أو طويلة.

ولكن الذي لا نستطيع إحرازه بسهولة هو المشاعر وسرعة البديهة والعاطفة والرغبات، والاهتمام والتعاطف، والبهجة ونحوها من الأمور العاطفية التي تصنع القادة.

ويرى البعض أن دراسة القيادة باستطاعتها إظهارك كقائد أفضل ولكنها لا تجعلك قائداً إذا لم تكن قائداً سلفاً.

الفطرة والطفولة المبكرة

يعتقد أغلب المفكرين أن قدراتك القيادية تكون أكثر احتمالاً إذا ما ولدت بقدر كاف من القدرات العقلية والجسدية ومرت بتجارب كافية في طفولتك مما أدى إلى أن تتوقد نار القيادة في داخلك، وهناك خلاف كبير حول تأثير الجينات على قدرات القيادة فبعض المفكرين يعتقدون أن القيادة موروثة في حمض الـ DNA في الجينات، والآخرون لا يوافقون على ذلك ولكن هناك جدل محدود واتفاق كبير حول أهمية الطفولة المبكرة.

يؤمن أغلب المفكرين أن ما حدث لك في سنوات عمرك الأولى هو الذي سيؤدي إلى الفرح الحقيقي، وأهم هذه التجارب المبكرة والتي يبدو أنها تصنع القادة هي تجارب النجاح أو الفشل، والتشجيع أو النقد، والاستكشاف والأدب ونحوها فهي إما أن تساعدك في تطوير الشعور بالثقة بالنفس والرغبة للإنجاز أو العكس.

وليس بالضرورة أن تكون التجارب إيجابية فقد وجد دي فريز من خلال دراسته في عيادته الخاصة بدراسة القادة أن نسبة معتبرة منهم طوروا الرغبة للقيادة لأنهم مروا بعدد من الصدمات المبكرة، يقول دي فريز: "بسبب الصعوبات التي واجهوها فالكثير منهم يبدو وكأنه في مهمة ليبرهن أن العالم مخطئ، وليظهر للجميع أنه يستطيع الوصول لنتائج مميزة، ولديه رغبة قوية جداً لرفع الظلم الذي وقع عليه في فترات مبكرة من حياته".

التعليم

يعتقد المفكرون أنك تحتاج للنوع الصحيح من التعليم لتتعلم كيف تقود، لاحظ أننا نتحدث عن التعليم، وليس التدريب. هناك اختلاف هام، كما يوضح العالم النفساني ريتشارد فارسون.

"التدريب . . . يؤدي إلى تطوير المهارات والأساليب . . . بينما التعليم، من الناحية الأخرى لا يؤدي إلى الأسلوب ولكن إلى المعلومات والمعرفة، واللذان إذا وقعا في الأيدي المناسبة يؤديان إلى التفهم أو حتى إلى الحكمة. والحكمة تؤدي إلى التواضع والشفقة والاحترام وهي صفات أساسية في القيادة الفعالة.

التدريب يجعل الناس متشابهين أكثر لأن الجميع يتعلمون نفس المهارات. بينما يميل التعليم (نظراً لاحتوائه على مقارنات لتجربة الشخص الذاتية مع المعلومات في ضوء مواجهة الأفكار) إلى جعل الناس مختلفين عن بعضهم البعض، ولذلك فالفائدة الأولى هي أن المدير يصبح فريداً ومميزاً ومستقلاً".

يريد بعض المفكرين ممن يريد تعلم القيادة أن يحصلوا على تعليم يتجاوز المواضيع المعروفة مثل التسويق والتمويل وأنظمة المعلومات والتي تشكل الدورات الرئيسية لمعظم كليات إدارة الأعمال. ويتوسعون وينغمسون في الشعر والأدب، والفن والمسرح والتاريخ، والفلسفة.

ويرى جون غاردنر "أن الذين سيصبحون قادة يجب أن يتعرضوا إلى "السلسلة الكاملة للعلوم والفنون من العلوم إلى الأدب ومن الرياضيات إلى التاريخ ويستقون من خلال الأدب والدين وعلم النفس وعلم الاجتماع والدراما وما شابهها الآمال والمخاوف والطموحات ومعضلات المجتمع ويفهموا قيم أسلافنا، ويقاتلوا من أجلها ويعرفوا من خلال التاريخ والسير الذاتية الحدود غير العادية للحياة الإنسانية".

التجربة

يقرر المفكرون أنك تحتاج إلى خبرة القيادة خلال فترة مبكرة من حياتك العملية. وفي كتابه "قوة للتغيير" يكتب جون كوتر: "كان لدى القادة الذين قابلتهم بينما كانوا في العشرينات والثلاثينات من أعمارهم الفرص لتجربة القيادة عملياً، ليخاطروا، وليتعلموا من كلا النتيجتين النجاح والفشل".

هذه الخبرة تبدو أساسية في تنمية مجموعة كبيرة من مهارات القيادة ومبادئها. لأن الناس يتعلمون من خلالها صعوبة القيادة وأهميتها لتحقيق التغيير.

ويتعلمون من خلالها أن الأساليب والأدوات الجزئية للقيادة لا قيمة لها دون الفهم والوعي لمنهجية التغيير. وكذلك يتعرفون من خلال التجربة على نقاط ضعفهم وكذلك نقاط قوتهم المتعلقة بالقيادة.

ويؤكد كيتس دي فريز من خلال لقاءاته مع قادة الأعمال العالمين وكتب عنهم أنهم جميعاً مروا بخبرات مهنية مبكرة لتجربة القيادة. والدروس التي تعلموها عندما كانوا لوحدهم لم ينسوها أبداً وعلمتهم الخبرة بشكل عميق ماهية التحفيز، وصنع القرار وتولي المسؤولية.

الفشل

يتفق المفكرون جميعاً أن الفشل هو خبرة ضرورية ولا غنى عنها لك. ويبدو أن الفشل هو الشرارة التي تولد دروس القيادة المبكرة وتثبتها في أعماق وعيك.

وارين بينيس يستشهد بالمديرين الذين يعرفهم جيداً والذين شعروا أنهم تعلموا دروساً أعمق عندما أخطأوا وفشلوا ولم يصلوا إلى ما يريدون. وحسب تعبيره فإن المشاكل تشكل القادة كما تشكل عوامل لتعرية الجبال ويقول: "التعامل مع رؤساء كانوا صعب المراس أو ناقصي الوضوح في الرؤية أو لديهم خلل في ممارسة معاني الفضيلة أو الذين واجهوا ظروفاً أقسى مما تحملوه، هذا التجارب هو الأساس في المنهج الدراسي للقيادة".

ويستشهد بينيس "بـ مارغريت تاتشر" القائلة: "في تلك اللحظة التي شعرت فيها بالألم كما لو دخل الحديد في روحي شعرت بالقوة والإصرار الذي احتجت لهما لأصبح حقيقة قائدة من الطراز الأول".

التدريب الموجه

وأخيراً، فإن تدريباً قليلاً موجهاً يمكنه المساهمة في صقل أسلوبك القيادي ولكن تذكر دوماً أن التدريب تبقى له حدود لا يمكنه تجاوزها في صنعه للقيادات.

قادة دورة قصيرة، أو حلقة دراسية في آخر الأسبوع أو ورشة عمل مع مستشارين أو التدريب القيادي في الغابات كما تفعل بعض الشركات التدريبية يمكن أن يساهم في صقل بعض المهارات اللازمة للقائد ولكنه لا يصنع القادة، وليس معنى ذلك أنهم لم يتعلموا بعض مهارات الاتصال أو العلاقات الإنسانية من مثل هذه الأنشطة، ولكنهم لم يصبحوا قادة خلالها فقط.

أحذر من كتيبات التدريب اللامعة أو الإعلانات في مجلة الأعمال المفضلة لديك والتي تعدك بأن تحولك إلى تشرتشل آخر أو تصنع من موظفيك قادة في ثلاثة دروس سهلة مع ست أشرطة فيديو أو بعد محاضرة مؤثرة مدتها ساعة.

فهل يجب عليك إذاً أن تتجنب كل أنواع التدريب؟ كلا بالطبع، يمكن أن يكون التدريب ذا قيمة إذا ما كان يهدف لتنمية خبرات أو مهارات محددة، وعلى سبيل المثال: فقد تود أن تأخذ دورات في الكتابة أو التحدث لتعزز قدرتك على سرد القصة، ولكن لا تتوقع أن فترة تدريب واحدة أو حتى مائة فترة قادرة على جعلك قائداً إذا لم تكن قائداً سلفاً، يمكن للتدريب أن يلمع ويصقل قدرات القيادة لديك، ولكنه لا يبني أساس القيادة الذي يتأصل في فترة مبكرة جداً من حياة الإنسان.

كيف أجعل الآخرين يتبعونني؟؟

نعرف أن هذا يبدو بسيطاً، ولكنه حقيقي، وجود الأتباع المخلصين هو الشيء الوحيد الذي يفرق بوضوح بين القادة وغير القادة.

القادة لهم أتباع مخلصون، وغير القادة ليس لديهم أتباع، ولا يصبح الواحد أو الواحدة قائداً ما لم يتوفر له أتباع مستعدون لأتباعه.

كتب وارين بلانك "الأتباع هم العنصر الأساس الذي يحدد كل القادة في كل المواقف. . . الأتباع هم الحلفاء الذين يمثلون الوجه الآخر والضروري لعملة القيادة".

وللوهلة الأولى فإن فكرة أن القادة لهم أتباع وغير القادة ليس لديهم أتباع تبدو سطحية وبديهية، ولكن عندما نتوقف عن رؤية علاقة القائد بالأتباع على أنها تحصيل حاصل ونبدأ بجعل العلاقة نفسها مركزاً لفهمنا للقيادة أكثر من اهتمامنا بالآثار الشخصية للقائد أو صفاته ومزاياه عندها نبدأ برؤية القادة والقيادة من منظور جديد.

وارين بلانك يترجم هذا المنظور الجديد فيما يسميه "القوانين الطبيعية التسعة في القيادة" وهي توفر منظوراً جديداً جديراً بالاهتمام حول القيادة.

الأسئلة الخطأ والأسئلة الصواب

يقول بُلانك "معظم الناس الذين يطمحون أن يقودوا يسألون الأسئلة الخطأ مثل "كيف أقود؟" أو "ماذا يجب علي أن أفعل لأصبح قائداً؟" وهي تعبر عن الاعتقاد الخاطئ بأن القيادة مكونة من أجزاء.

والأسئلة الصواب هي "كيف أجعل الآخرين يتبعونني؟" "ما هي احتياجات الآخرين؟"، و"كيف أكسب الحلفاء؟".

وري بيث جونز مؤلفة كتاب "المسيح القائد (عليه السلام)" توضح النقطة كما يلي: "القادة الذين ينوون تحقيق إنجازات تستحق الذكر يجب عليهم أن يجعلوا الاخرين يشاركون في قضيتهم ولكننا نجد العديد من المديرين لديهم أعداداً كبيرة من الموظفين المسجلين على الورق ولكنهم ليسوا منخرطين عاطفياً في المهمة".

هل تستطيع أن تخبرني من هو اللاقيادي؟

الشخص اللاقيادي هو الذي يأتي إلى اجتماع دون إعداد مسبق، ويقول: "ما أنا إلا واحد منكم. أخبروني ما المطلوب وسأبذل جهدي لكون معكم فيما تقررونه على الطريق".

سؤال من هو الشخص القيادي؟

من واجب القائد أن ينجز ما عليه من واجبات واستعداد للاجتماع قبل أن يصل إلى مكان الاجتماع وعليه أن يعد بدائل للنقاش ويدرس احتمالات القرارات التي قد تتخذ لقد أعتاد البعض أن يطلب إلا يخبر بالموضوع المطلوب منه التحدث فيه إلا أثناء صعوده إلى المنصة . . . وفي ذلك استهانة كبيرة بذكاء الحاضرين وإهدار للوقت وتضييع للفرص النمو لدى القائد والأتباع.

من طرائق القيادة

القائد الذي يسعى لإرضاء الجميع!

بينما كان أحدهم يزور صديقاً له مسؤولاً عن أحد المصانع أتى المشرف عن العمال يشكو أحد العاملين فقال له المسؤول: "إنك على حق في ما تقول"، وبعد أن غادر المشرف جاء العامل نفسه وشكى المشرف فرد عليه المسؤول: "إنك على حق". احتار الزائر وسأل صديقه مسؤول المصنع: "لقد اشتكى لكل كل منهما الآخر وأخبرت الأثنين أن كلاً منهما على حق، فكيف يكون ذلك؟". رد المسؤول على الزائر بقوله: "والله إنك أنت أيضاً على حق في ما تقول".

هذا النوع من القيادة الإدارية لا يوصل إلى شيء مفيد، بل إنه يدمر المؤسسة فالكل سيكتشف نقطة الضعف في المسؤول ويفقد الجميع الثقة فيه.

القائد والناس

قال ديغول: "إذا لم أعجب الناس فسأغادر البلد".

ويقول الدكتاتور: "إذا لم أعجب الناس فيمكنهم مغادرة البلاد".

صندوق الاقتراح المقدس!

توجه بدوي أثناء الحملة الانتخابية بين الجنرال زاهدي ود. محمد مصدق في إيران في الخمسينات إلى أحد صناديق الاقتراع، وأخذ يسجد له ويقبله، فسأله أحد الجنود: "ماذا تفعل؟ ما هذا إلا صندوق من خشب". فرد الرجل: "لا! إنكم لا تعرفون حقيقة هذا الصندوق. إنه صندوق عجيب ومقدس ويستحق أن يعبد. فقد صوت الناس إلى مصدق لكن الذي فاز هو زاهدي . . . فسبحان الله!.

هل تمشي القيادة وراء أتباعها؟

تقود! الأتباع يتبعون! هل يتم ذلك حقاً؟

أحياناً يتبع بعض القادة جنودهم، وبذلك يتخلون عن مهام القيادة، وتصبح أفعالهم مجرد انعكاسات لرغبات الجنود أو ممارساتهم، ويتوقفون عندئذ عن مهمة تعيين وجهة التحرك. ويسود بين الجنود الاعتقاد الخاطئ بأن قرارات القادة شعبية ومقبولة لدى الجميع. وهناك سيكتشف الجنود عاجلاً أم آجلاً إمكانية استغنائهم عن أمثال أولئك القادة.

الإسلام يحاسب القادة أيضاً عن أعمال جنودهم.

القيادة

قال الرئيس الأمريكي السابق كينيدي: "لا نريد أن نكون كقائد الثورة الفرنسية الذي قال: "إذا انطلق أبناء شعبي فعلي أن أتعرف على اتجاه سيرهم كي أقودهم إلى حيث يرغبون الذهاب".

وقد نشرت صحيفة انديانا ديلي ستيودنت بتاريخ ٦ شباط / فبراير ١٩٥٨، للكاتب ريكس ألن ريديفر وصفاً رائعاً لهذا النوع من القيادة تحت عنوان:

"أتبع القائد . . . أسطورة حديثة"

بينما كان موكب استعراضي يعبر أحد شوارع الضاحية، ارتفع صوت من بين الجمهور الغفير صائحاً:

"انتبهوا أيها الحمقى! لقد ضللتم الطريق، وطريقكم هذا لا يؤدي إلى شيء سوى السراب والخطر".

توقف الركب وفزع الناس: "لكن كيف يكون ذلك؟" تطلعوا إلى المقدمة بنظرة واحدة وإذا بقائدهم يشق طريقه نحو الأمام في فخر وكبرياء . . . فقالوا:

"لا شك في أنه يسير في الاتجاه الصحيح، فها هو يمشي شامخاً مرفوع الرأس . . . إنه حقاً يسير في الاتجاه الصحيح" وانطلقوا وراءه بحماسة.

لكن القائد الوسيم توقف وبدا على وجه ملامح الفزع . . . فالتفت وراءه يسائل نفسه: "هل أنا في حلم أم في واقع؟ . . . لا شك أني أسير في الاتجاه الصحيح، فها هي الأعداد الهائلة من الناس تتبعني ولا يمكن إلا أن أكون على الطريق القويم" . . .

وانطلق في مسيرته . . . نحو الهاوية.

ما العبرة؟ قد نختار القائد ونسير وراءه طوعاً، لكن علينا مراقبته والتفكير في أعماله وتقويمها. إن مسؤولية الفرد في إتباع الحق قائمة إلى يوم القيامة يوم يأتي كل منا ربه فرداً.

الأدوار الجديدة للقادة

قد يبدو غريباً القول أن القيادة تتطلب الحب أو أن القادة يجب أن يكونوا خدماً أو مانحي هدايا، مثل هذه الجمل تعكس تفكير الكثير من المنظرين والمؤلفين حول متطلبات القائد هذه الأيام.

ما يطلبه هؤلاء من قادة اليوم يختلف تماماً عمّا توقعناه من قادتنا في الماضي.

يطلب المؤلفون إيقاعاً مختلفاً لنشاطات القائد وقيادة مختلفة الفكر وتركيزاً مختلفاً للمهمات التنفيذية اليومية، وأكثر أهمية من ذلك كله فهم يطلبون علاقة مختلفة بين القادة والموظفين والعملاء وكل من له علاقة بالمنظمة.

وبذلك فهم يحددون توقعات جديدة، ويركزون على أدوار ومسؤوليات مختلفة للقائد.

ويحددون على الأقل ثلاثة نقلات أساسية في واجبات القائد ومسؤولياته:

١. من الاستراتيجي إلى المنظر صاحب الرؤية.

٢. ومن مصدر الأوامر إلى راوي القصص.

٣. ومن مهندس الأنظمة إلى عامل تغيير وخادم، وكل من هذه التنقلات يمثل تغييراً مهماً في السلوك المتوقع من القائد، ودعنا نلخص التوجهات الثلاث في الصفحات التالية:

فالمنطق الإقناعي للتحليلات الإستراتيجية لا يصنع الجهد الاستثنائي والالتزام المستمر اللازم لتحقيق أداء متميز.

والناس لا يمكن أن يتكون لديهم ارتباط عاطفي قوي تجاه الإستراتيجيات فهي تجيب عن "ماذا" ولا تجيب عن "لماذا"، بينما معرفة "لماذا" أكثر أهمية من معرفة "ماذا"!.

وباختصار يجب على المديرين الكبار تحويل الموظفين من أشخاص متعاقدين مع منظمة اقتصادية إلى أعضاء ملتزمين في منظمة هادفة.

أولاً: تغير القيادة من الإستراتيجية إلى الرؤية

منذ ١٩٢٠ على الأقل والمديرين الكبار يركزون معظم وقتهم واهتمامهم على تطوير وتطبيق استراتيجيات الأعمال.

ولقد تم اعتبار صنع الإستراتيجية لمدة طويلة مفتاح لفهم وظيفة القيادة، ولكن هذا ليس ما يعتقده أصحاب النظريات الإدارية اليوم.

كل المنظرين اليوم وبدون استثناء يريدون من القادة أن يركزوا على تطوير رؤية لمنظمتهم أكثر من تصميم إستراتيجية العمل.

ويقولون إن القضية ليست في أننا لا نحتاج إستراتيجيات العمل، ولكن لا بد أن نفهم أن هذه الإستراتيجيات وحدها لا تكفي.

ما هي الرؤية؟

يقول كارل البريخت مؤلف أكثر الكتب مبيعاً "أمريكا الخدمة" وكتاب "قطار الاتجاه الشمالي: إيجاد الغرض وتحديد الاتجاه وتشكيل النهاية لمنظمتك" يحدد الحاجة للرؤية في الكلمات التالية:

"أزمة الأعمال اليوم هي أزمة معنى. الناس غير واثقين من أنفسهم لأنهم لم يعودوا يفهمون المحتوى والكثير الكثير من الناس لديهم شعور الشك وعدم التأكد حول مستقبل منظمتهم، وبالتالي حول وظيفتهم ومستقبلهم، أولئك الذين يطمحون لأدوار القيادة في هذه البيئة الجديدة يجب عليهم ألا يستصغروا عمق الحاجة الإنسانية للمعنى: إنها أكثر الحاجات الإنسانية الملحة، إنها ميل فطري لن يزول".

ويوضح هؤلاء المؤلفين أن الرؤية شيء أكثر من صرخة قوية لزيادة حصة السوق أو التغلب على المنافسة، أو مضاعفة أرباح العام الماضي.

إنها عاطفية أكثر منها تحليلية، وباختصار إنها شيء يلمس القلب وليس العقل فقط. يقول كارل البريخت: "الرؤية صورة متفق عليها لما نود أن تكون عليه المنظمة مستقبلاً... أنها توفر نقطة تصويب لاتجاه المستقبل. وتجيب على السؤال... كيف نريد أولئك الذين يهمّوننا أن يفهموننا؟ بيان الرؤية يتضمن غرضاً نبيلاً وقيماً عالية لشيء يعتبر ذا قيمة خاصة".

١. يصف بيرت نانوس الرؤية بأنها صورة واقعية وقابلة للتصديق لمستقبل جذاب لمنظمتك . . .

٢. جاي كونغر، مؤلف كتاب "القائد الجذاب" يصف الرؤية بأنها صورة عقلية تصف الحالة المستقبلية المرغوبة، أو حلم مثالي يمتد بعيداً.

٣. يصف بيرت نانوس الرؤية بأنها صورة واقعية وقابلة للتصديق لمستقبل جذاب لمنظمتك.

٤. جاي كونغر، مؤلف كتاب "القائد الجذاب" يصف الرؤية بأنها صورة عقلية تصف الحالة المستقبلية المرغوبة، أو حلم مثالي يمتد بعيداً.

صفات الرؤية الجيدة

١. تعطي معنًى للتغيرات المتوقعة في الناس.

٢. تشكل صورة عقلية إيجابية وواضحة لحالة المستقبل.

٣. تصنع الفخر والطاقة وشعور الإنجاز.

٤. جديرة بالحفظ.

٥. محفزة

٦. مثالية

٧. تعرض صورة أكثر وضوحاً لمستقبل المنظمة ـ متناسقة مع تاريخها

٨. وثقافتها وقيمتها.

٩. تضع معايير التميز التي تعكس المثاليات العليا

١٠. تلهم الحماس

١١. تشجع الالتزام

١٢. تعكس تفرّد المنظمة

١٣. طموحة

١٤. تخطف الانتباه

١٥. تركز الانتباه

١٦. توجه النشاطات اليومية

١٧. تلغي الأشياء غير الجوهرية

١٨. تحث الناس على تجاوز النظر القريب.

١٩. توفر معنى وأهمية للنشاطات اليومية.

٢٠. تربط بين الحاضر والمستقبل

٢١. تحث الناس على العمل

٢٢. توضح الغرض والاتجاه

٭ أمثلة على رؤى المنظمات

الرؤى بعض الأحيان يعبر عنها ببساطة:

١. شركة 3m لحل المشاكل التي لا تحل بإبداع.

٢. جمعية مرشدات أمريكا لمساعدة البنت لأعلى قدراتها.

٣. هيولت باكارد للكمبيوتر لصنع المساهمات التقنية لتطوير ورفاهية الإنسانية.

٤. سوني لتجربة متعة التقدم وتطبيق التكنولوجيا لمصلحة العامة.

٥. وال مارت لإعطاء الإنسان العادي الفرصة لشراء نفس الأشياء كالأغنياء.

٦. والت ديزني ليسعد الناس .

٧. أكاديمية الإبداع الأمريكية أفضل تعليم في الشرق الأوسط في بيئة أخلاقية وإبداعية.

* شرح الرؤية

وأحياناً نحتاج إلى شرح مطول من قائد مفوه ليوضح التصور بقوة وتفصيل.

هنري فورد قال ذلك عن رؤيته للسيارة وذلك مع بداية إنتاج السيارات: "سأبني سيارة للجماهير العظيمة ... ستكون منخفضة السعر لدرجة أن يستطيع كل من يكسب راتباً جيداً الحصول عليها وليستمتع مع عائلته بساعات السعادة في فضاء الله الواسع، وعندما انتهي فسيكون بمقدور كل شخص أن يقتني واحدة. وسيملك كل شخص سيارة، وسيكون الحصان قد اختفى من طرقنا السريعة، وستصبح السيارة أمراً طبيعياً وسنعطي الوظائف لأعداد كبيرة وبأجور جيدة".

ووصف والت ديزني حلمه لديزني لاند بهذه الطريقة "إن فكرة دزني لاند بسيطة، ستكون مكاناً للناس ليجدوا السعادة والمعرفة. ستكون مكاناً للوالدين والأبناء لقضاء أوقات ممتعة مع بعضهم ومكاناً للمدرسين الطلاب ليكتشفوا طرقاً أعظم وأكبر للفهم والتعليم، هنا يستطيع الجيل الأكبر استرداد الحنين للماضي، والجيل الأصغر يستطيع تذوق تحديات المستقبل، ستكون عجائب الطبيعة والإنسان هنا للجميع ليروها ويفهموها.

ستعتمد ديزني لاند وتركز على المثاليات، والأحلام والحقائق. ستكون ديزني لاند شيئاً يشبه السوق والمعرض والملعب ومركز المجتمع ومتحف الحقائق الحية، ومكان عرض للجمال والسحر. وستمتلئ بالإنجازات، وبالمتع والآمال للعالم الذي نعيش فيه. وستذكرنا وتبين لنا كيف نجعل هذه العجائب جزءاً من حياتنا".

ونقدم هنا رؤية ونستون تشرتشل المشهورة لأفضل وأجمل ساعة في بريطانيا في معاركها مع ألمانيا في الحرب العالمية الثانية:

"يعرف هتلر أنه يتوجب عليه كسرنا على هذه الجزيرة أو خسارة الحرب. وإذا ما استطعنا مواجهته فستصبح كل أوروبا حرة، ويمكن لحياة العالم أن تسير للأمام تجاه المرتفعات الواسعة المشرقة، ولكن إذا فشلنا، فإن العالم بأسره وبما في ذلك الولايات المتحدة الأمريكية وبما في ذلك جميع من عرفنا واهتممنا بهم، سيغرقون في درجات العصر المظلم الجديد، وسيصبح العالم أكثر فساداً وربما أكثر تأخراً بواسطة أضواء العلم المنحرف. فدعونا لذلك نلتزم بواجباتنا ونفهم أنه إذا استطاعت إمبراطورية بريطانيا ودول الكومنولث أن تستمر لألف سنة، فإن الناس حينذاك سيستمرون في القول "كانت تلك أفضل ساعاتهم".

وأخيراً عبر مارتن لوثركنج عن حلمه لأمريكا بهذه الكلمات: "أخبركم اليوم يا أصدقائي أنه بالرغم من الصعوبات والإحباط التي أواجهها في هذه اللحظة فإني ما زلت أمتلك حلماً، إنه حلم متأصل في الحلم الأمريكي".

لدي حلم أنه في يوم ما ستنهض هذه الأمة لتعيش المعنى الصحيح لدستورها القائل "ونؤمن بالبديهية الواضحة أن كل الناس خلقوا سواسية".

لدى حلم أنه في يوم ما وعلى التلال الحمراء لجورجيا سيكون أبناء العبيد السابقين وأبناء ملاك العبيد السابقين قادرين على الجلوس معاً على مائدة الأخوة.

لدي حلم أنه في يوم ما حتى ولاية المسيسيبي الولاية الصحراوية القابعة في حرارة الظلم والاضطهاد ستتحول إلى واحة من الحرية والعدل.

لدي حلم أن أبنائي الأربعة سيعيشون في يوم ما في أمة لا تحكم عليهم طبقاً للونهم ولكن بمحتوى شخصياتهم لدي حلم اليوم ...".

أسئلة منهجية لتحديد الرؤية

بيرت تانوس يطرح منهجية رباعية الخطوات تتكون من سلسلة من الأسئلة التي تستطيع أن تجيب عليها أنت وفريقك التخطيطي لتشكيل الرؤيا لمنظمتك.

أولاً: نبدأ بفهم الواقع بتوجيه الأسئلة مثل:

١. ما العمل الذي نحن فيه؟

٢. ما هي القيم الحالية للمنظمة؟

٣. هل يوافق الناس أو لا يوافقون على اتجاه معين للمنظمة؟

وثانياً: علينا فحص الواقع بتوجيه الأسئلة حول:

١. من هم المتأثرين الرئيسيين بالمنظمة؟

٢. وهل تم استيفاء احتياجاتهم؟

ثالثاً: يخبرنا نانوس أن نؤسس محتوى الرؤية بتوجيه الأسئلة مثل:

١. ما هي التطورات المستقبلية التي يمكن أن تؤثر بالرؤية؟

٢. وما هي بعض السيناريوهات المستقبلية؟

رابعاً: وأخيراً علينا أن نطور الخيارات ونختار الرؤية.

طريقة بيرت نانوس المنهجية لتطوير رؤية جديدة

خطوات الطريقة	القضايا الكبرى	الأسئلة الرئيسية
أولاً: فهم الواقع - فهم الحالة الحالية للمنظمة.	أ. ما العمل الذي نحن فيه	١. ما هي الرسالة الحالية المعلنة أو ما هو غرض منظمتكم؟ ٢. ما هي القيمة الإضافية التي توفرها منظمتكم للمجتمع؟ ٣. ما هي طبيعة المجال أو الإطار القانوني الذي تعمل ضمنه منظمتكم؟ ٤. ما هو الوضع الفريد لمنظمتكم في ذلك المجال أو الإطار؟ ٥. ما الذي تحتاجه منظمتكم للوصول للنجاح؟
	ب. كيف نعمل	١. ما هي القيم والثقافة التنظيمية التي تحكم التصرفات وصنع القرار؟ ٢. ما هي نقاط القوة والضعف في عمل المنظمة؟ ٣. ما هي الإستراتيجية الحالية وهل يمكن الدفاع عنها؟
	ج. تدقيق الرؤية	١. هل ا لمنظمة رؤية معلنة واضحة؟ وإذا كان كذلك فما هي؟ ٢. إذا ما استمرت المنظمة في طريقها الحالي فإلى أين ستتجه في العشر- سنوات القادمة؟ وكم ستكون فائدة هذا الاتجاه؟ ٣. هل يعرف رموز المنظمة إلى أين تتجه هل يوافقون على هذا الاتجاه؟ ٤. هل الهياكل والعمليات والموظفين والحوافز ونظم المعلومات تدعم الاتجاه الحالي للمنظمة؟

ثانياً: فحص الواقع ـ رسم حدود الرؤية	أ. مـن هـم أكبـر المسـاهمين والمتـأثرين بالمنظمـة؟ ومـا هـي احتياجاتهم؟	١. من أهم المتأثرين في داخل وخارج المنظمة؟ وأيهم أكثر أهمية؟ ٢. ما هي الاهتمامات والتوقعات الكبرى لأهم خمسة أو ستة مـنهم بخصوص مسـتقبل منظمتكم؟ ٣. ما هي التهديـدات أو الفرص التي تنبثق منهم؟ ٤. معتبراً نفسك أحـد المتأثرين بالمنظمة، ماذا تريد شخصياً أو عاطفياً أن يتحقق في منظمتك؟
	ب. كيـف نحـدد الحـدود للرؤيـة الجديدة؟	١. مـا هـي الحـدود (الوقتيـة، الجغرافيـة، الاجتماعية) لرؤيتك الجديدة؟ ٢. ماذا يجب أن تنجز الرؤية؟ وكيف ستعرف أنها نجحت؟ ٣. وأي القضايا الحساسة يجب التصدي لهـا في رؤيتك؟
ثالثاً: تأسيس محتـوى الرؤية ـ تحديـد موقع المنظمـة في البيئـة الخارجية المستقبلية	أ. مـا هـي التطورات المستقبليـة التـي مـن شـأنها التأثيـر علـى الرؤية؟	١. مـا هي التغيرات الكبرى المتوقعة في نوعيـة الاحتياجات والرغبات التي تلبيها منظمتكم؟ ٢. ما هي التغيرات المتوقعة في تشكيلة المتـأثرين بمنظمتكم في المستقبل؟ ٣. ما هي التغيرات الكبرى المتوقعة في البيئـات الاقتصادية ذات الصلة في المستقبل؟ ٤. ما هي التغيرات الكبرى الممكـن توقعهـا في البيئة الاجتماعية ذات الصلة في المستقبل؟
	ب. حـدد أهـم التطورات المستقبلية والتـي مـن شـأنها أحداث أكبر تأثير على منظمتكم لـو أنهـا حصـلت كـما هـو متوقع؟	بعد تحديد التطورات أعطهـا درجـة في الأولوية كالتالي: - أولوية رقم واحد = التأثير الأعظم - أولوية رقم اثنان = التأثير الأعظم التالي - أولوية رقم ثلاثة = التأثير الأعظم الثالث - أولوية رقم أربعة = التأثير الأقل

	ج. حدد ثلاث أو أربع سيناريوهات يمكن توقعها في حالة حدوث الأولوية رقم واحد (ذات التأثير الأعظم)	اكتب أربعة أو خمسة أوصاف قصصية للمستقبل، أما أن تبدأ بالحاضر وتصف ما سيحدث (بالترتيب الزمني) للمستقبل، أو تأخذ فترة مستقبلية وتصف كيف ستكون صورة المنظمة آنذاك. وكرر ذلك حسب السيناريوهات التي تتوقعها أو يحتمل حدوثها.
رابعاً: اختيار الرؤية تعريف وعرض الرؤية الجديدة	أ. ما هي خيارات الرؤى أمامك؟	من بين كل الاتجاهات التي يمكنك اختيارها كمسار للمنظمة للخمس أو سبع سنوات القادمة، أيها تقدم احتمالاً أكبر لتحسين وضع المنظمة جذرياً وتنجز النجاح الأعظم لها وللمتأثرين بها؟
	ب. أي الرؤى المحتملة تنسجم بشكل أفضل مع معايير الرؤية الجيدة.	١. هل الرؤية توجهك نحو المستقبل؟ ٢. هل ستؤدي لمستقبل أفضل للمنظمة؟ ٣. هل تتناسب مع تاريخ وثقافة وقيم المنظمة؟ ٤. هل تضع مستويات من الامتياز وتعكس مثاليات عالية؟ ٥. هل تبين الغرض والاتجاه؟ ٦. هل تلهم الحماس وتشجع على الالتزام؟ ٧. هل تعكس تفرد المنظمة وتميزها وكفاءتها ومبادئها؟ ٨. هل هي طموحة بما فيه الكفاية؟ (نانوس يقترح طريقة لإعطاء درجات للخيارات في الصفحات ١٢١ – ١٢٦ في كتابة القيادة ذات الرؤية (Visionary Leadership)

تعليقات على خطوات نانوس لتحديد الرؤية

رغم أن خطوات نانوس تعتبر من أفضل ما كتب في منهجية وضع الرؤية ولكن لا يسعنا إلا أن تشعر أن هناك شيئاً ناقصاً، هل كان ديزني سيحصل على مملكة الخيال التي حلم بها بهذه الطريقة؟ وهل هذه هي الطريقة التي وصل بها كنغ لحلمه؟ لا نظن ذلك، بل حتى عندما يقوم نانوس بتطبيق خطواته ليستخلص رؤية لشركة خيالية لطعام الحيوانات الأليفة، فالرؤية التي نتجت عنده هي:

الاستفادة من قدرات البحث المتوفرة لدى الشركة التي تملكنا لنصبح قائدي الإبداع في مجالنا وصناعتنا، وهدفنا أن لا يزيد الدخل الوارد من خطوط الإنتاج الحالية عن ٤٠٪ خلال سبع سنوات.

من الواضح أن هذه الرؤية لا تمتلك حيوية رؤية فورد للسيارة أو حلم أفضل ساعات تشرتشل.

طريقة مختصرة وبسيطة لكتابة الرؤية

والذي يحتوي الطريقة المقترحة بواسطة توماس ستيروات في مقال عام ١٩٩٦ في "فورتشن" والتي يمكن أن تساعدك على تحديد الرؤية بسرعة وبساطة ولكن لا تتوقع منها أن تنتج رؤية فخمة بنفس الطريقة التي يقوم بها رئيس طهاة بتجهيز وجبة طيبة ومطهية جيداً.

وسينتج لديك بعد التطبيق رؤية شبيهة بالتالي:

رؤيتنا أن نكون منظمة عالمية توفر الخدمات الإبداعية من أجل خدمة السوق العالمية في مجال الحلول المالية سريعة التغير.

ثم تعدلها بما يتناسب مع وضعك الخاص. ما رأيك؟ هل يمكن أنت تنتج لك هذه الطريقة رؤية جيدة؟

طريقة بسيطة ومختصرة لتحديد الرؤية

أملأ الفراغ في كل سطر باختيار إحدى الكلمات في السطر الذي يليه لتنتج لديك رؤية مميزة.

– رؤيتنا أن نكون منظمة . . . .
. . . .

اختر واحدة (رئيسية، قائدة، متفوقة، عالمية، سريعة النمو)

– توفر . . . .
. . . .

اختر واحدة (المنتجات، الخدمات، المنتجات والخدمات).

اختر واحدة (الإبداعية، ذات السعر المناسب، المتخصصة، المتنوعة، ذات الجودة العالية).

– من أجل . . . .
. . . .

اختر واحدة (خدمة السوق العالمي، رفع قيمة أسهمنا، الوفاء بالتزاماتنا تجاه مساهمينا).

– في مجال . . . .
. . . . . سريعة التغير . . . .

اختر واحدة (المعلومات، حلول العمل، الحلول المالية)

لجنة لوضع الرؤية

أعتقد أنه لا يمكن الحصول على رؤية ذات نوعية عالية باستخدام أي من طرق الخطوة خطوة هذه، وعادة ما تكون النتائج غير عاطفية ولا مثيرة، وهذا عكس ما يجب أن يكون عليه الرؤية الحقيقية.

وكذلك لن تحصل على نتائج أفضل بإشراف عدد من الناس في لقاءات جماعية لوضع الرؤية، جون كاسترمب يؤكد التالي:

"لقاء الناس مع بعضهم البعض ليتحدثوا عن الرؤية طوال فترة بعد العصر سيؤدي للشعور بالإحباط، وعدم الإنتاجية، هذا إذا لم تكن النتائج سخيفة، بكل ما في الكلمة من معنى".

وقد عبر وارن بينيز بأسلوب بديع فقال:

"كما أنه لا يمكن رسم لوحة رائعة بواسطة لجنة، فكذلك لن تظهر رؤية عظيمة من مجموعة من الناس".

إذا عندما يتعلق الأمر بتحديد الرؤية فأنت أفضل كثيراً عندما تكون وحدك.

كيف تحدد رؤية فعالة؟

يبدأ المؤلفون عملية تحديد الرؤية بالتركيز على المنظمة التي ستقودها، وأحسب أن ذلك خطأ إذ كيف تستطيع أن تطور رؤية فعالة لمنظمتك إذا لم يكن لديك رؤية فعالة لحياتك نفسها وفهم أفضل لقيمك واحتياجاتك وتوقعاتك وآمالك وأحلامك.

عندما وصف والت ديزني ديزني لاند، لم يكن يتحدث عن مدينة ألعاب، بل كان يصف مكانه السعيد، وكان حديثه شخصياً جداً معبراً عن قيمة واحتياجاته والتوقعات والأحلام لديه.

أما مارتن لوثر كنغ فقد حول حلمه الشخصي إلى صوت جهوري أشعل حركة ذات هدف كبير.

ومثل ديزني وكنغ يجب أن تبدأ بنفسك.

والخلاصة فإن الوصول لرؤية جيدة تتطلب أن تكون أميناً جداً في فهمك لنفسك ومن تريد أن تكون.

كيف تفعل ذلك؟ هاك بعض أفكار جونا بورداس وهو أستاذ متمرس في مركز القيادة المبدعة في كلورادو سبرنغز ورئيس ومؤسس المعهد الوطني للقيادة لذوي الأصول الأسبانية

وإليك خطواته التي يقترحها.

١. ابحث عن بيئة هادئة ومنعزلة وشاعرية تستطيع فيها البعد عن النشاطات اليومية، تتمكن فيها من التأمل الجاد، ويقترح بورداس مكان عبادة، شاطئ البحر أو متنزهخ أو في جلسة مريحة على كرسيك المفضل محاطاً بالنباتات والأصوات المهدئة وأترك هاتفك الخلوي بعيداً.

٢. تأمل في طفولتك المبكرة وكيف شكلت حياتك، أبحث عن السلوكيات المتكررة والدوافع والقيم التي لديك والناتجة عن الطريقة التي تربيت بها.

٣. فكر في سير حياتك وأهم نشاطاتك ووظائف بترتيب زمني وأدرج المهارات والمواهب التي اكتسبتها خلال انتقالك في الحياة.

صنف هذه المهارات حسب نوعها كالفنية أو الذهنية أو الاتصالات وهكذا.

- ما هي المهارات والمواهب التي استمتعت باستعمالها؟
- في أي المجالات تفوقت؟ ما الذي كان سهلاً عليك؟

٤. فكر بلحظات حياتك التي قمت فيها باتخاذ قرارات لم تبدو منطقية أو ملائمة في ذلك الوقت ولكنك شعرت "بصحتها" ماذا تخبرك هذه الفترات من الحدس والحس الداخلي والإدراك عن اهتماماتك الحقيقية؟

٥. اسأل نفسك ما الذي سأفعله حتى لو لم أكن أحصل على مقابل؟ ما الذي أحلم بعلمه؟ وما هي رغباتي؟ ما الذي سأفعله إن بقي لي ستة أشهر لأعيشها؟ أو لو أنني أعيش بصحة جيدة لمائة عام؟

وأخيراً أن سبب نجاح كل من كنغ وديزني وفورد وتشرشل وكل القادة العظماء في التاريخ أنهم عرفوا ذواتهم، وكان لديهم رؤية شخصية فعالة يستطيع الآخرون المشاركة بها، لقد عبروا عما لم يستطع الآخرون التعبير عنه. وهذا هو ما يجب عليه عمله إذا كنت تود أن تقود.

الدور الثاني للقيادة: من مصدر أوامر إلى راوٍ للقصص

إن دور القيادة الثاني مشتق من الأول، حيث يجب على القادة أصحاب الرؤية أن يتصرفوا بطريقة مختلفة عن أصحاب الاستراتيجيات وعادة ما تطبق الإستراتيجية بواسطة القائد الذي يصدر سلسلة من الأوامر: اشتر هذا، بع ذاك، أضف هذا المنتج، أقطع ذلك، استثمر هنا، قلل التمويل الموجه إلى تلك الوحدة، زد عدد الموظفين أو أنهي وظائفهم . . . وكلها تعبر عن إعطاء الأوامر.

أن تحقيق الرؤية يتطلب تصرفاً مغايراً من جهة القائد. مارتن لوثر كنغ لم يصدر أمراً، وبعد ذلك فجأة تحقق حلمه، وديزني لم يجبر الآخرين على مشاركته في بناء "المكان السعيد".

بينما يمكن للاستراتيجيين أن يطلبوا ويأمروا، ينبغي لأصحاب الرؤى أن يثيروا مشاعر الآخرين ويلهبوا حماسهم، النقلة الثانية في دور القيادة تتطلب من القائد أن يتوقف على أن يكون آمراً ويصبح متمرساً في سرد القصص.

إن اصطلاح "حاكي القصة" من المحتمل أن يجلب إلى الأذهان الرسل عليهم السلام وهم يحدثون أتباعهم عن تاريخ الأمم السالفة أو الأجداد الرقيقين الذين يروون ويحيكون القصص التربوية أو المسلية أو الخيالية.

وأكثر من كتب حول أهمية دور القائد كـ "سارد للقصص" هو عالم النفس هوارد غاردنر في كتابه "العقول القائدة" الصادر عام ١٩٩٥ وفيه يؤكد غاردنر على أن "مفتاح القيادة أو ربما المفتاح للقيادة . . . هو الاتصال الفعّال من خلال الرواية الجيدة للقصة".

وفي دراسته للقادة المشهورين وحتى الأقل شهرة عبر التاريخ، وجد غاردنر أن كثيراً منهم تميزوا في فترة مبكرة من حياتهم بقدرتهم على سرد القصص ـ سواء من خلال الخطابة أو من خلال الكتابة.

كيف تسرد القصة؟

طبعاً القصة القديمة التي تسرد بطريقة قديمة سوف لن تفيد، فسرد القائد للقصص فن، والقصص المسرودة بطريقة صحيحة يمكنها أن تحفز وتلهم، وتحرك الأتباع لدعم رؤية القائد.

أما سرد القصة بطريقة خاطئة فلن يؤدي سوى إلى الملل.

ويحدد غاردنر بعض الاقتراحات حول نوعية القصص الصحيحة وطريقة سردها كذلك.

بعض المبادئ الأساسية لفن سرد القصص.

١. أفضل القصص هي التي تخاطب هوية الإنسان.

لاحظ غاردنر أنه منذ ولادة الإنسان يبدأ في البحث عن إجابات لعدد من الأسئلة الأساسية مثل من أنا؟ من أين أتيت؟ لأي مجموعة أنتمي ولماذا؟ إلى أين تتجه حياتي؟ وما هي الأمور المهمة والجميلة في هذه الحياة؟

هذه أسئلة تتعلق بالهوية وأكثر القصص تأثيراً من بين تلك التي يسردها القادة هي التي تجيب على أسئلة تتعلق بالخيارات الشخصية أو الاجتماعية أو الأخلاقية التي تحير الإنسان.

وإذا رجعت إلى قراءة الرؤية المعبر عنها بواسطة ديزني أو تشرتشل أوكنغ فسترى أنها كلها إجابات لعدد محدود من الأسئلة الأساسية حول الهوية.

٢. أقوى قصص الهوية هي التي تعكس الصفات الحقيقية للقائد.

يجب على القادة أن يطبقوا ما يدعون إليه، وكلماتهم وأفعالهم يجب أن تتطابق.

يقارن غاردنر في كتابه بين ريتشارد نيكسون الداعية الكبير للقانون والنظام في نفس الوقت الذي مارس فيه أعمالاً غير قانونية مع مارتن لوثر كنغ صاحب الأفعال المنسجمة مع دعوته لأتباعه ليصمدوا في وجه الألم والإحباط.

قصة نيكسون وسمعته حطت من قدرة، بينما كان كنغ معززاً بتصرفاته وتصرفات زملائه المقربين.

٣. كل قصص القائد يجب أن تنافس القصص المثيرة.

يقول غاردنر "المستمعون ليسوا صفحة بيضاء تنتظر القصة الأولى أو القصة الأفضل لتطبع على وجهها النقي، بل على الأرجح يأتي المشاهدون مجهزين بالكثير من القصص التي رويت وأعيد روايتها لهم في البيت أو في المجتمع أو أماكن عملهم".

يجب على القصة الجديدة أن تشق طريقها بين جموع القصص المنافسة والمزدحمة في أذهان المستمعين.

وإذا أريد لها أن تكسب النجاح، فإنه يجب على القصة الجديدة أن تشد انتباهنا وبعد ذلك تعطي أبعاداً جديدة حول من نحن وماذا نفعل وبماذا نؤمن؟

والقصة الجديدة عادة ما تواجه مقاومة ويتم رفضها إذا ما كانت الهوية التي تعبر عنها غريبة جداً. ومن الناحية الأخرى، إذا بدت القصة مألوفة جداً، فإن تأثيرها سكون ضئيلاً.

أ- فضل القصص ما خاطب عقولنا وكأننا أقل من خمس سنوات.

أول خمس سنوات من حياتنا، يكون أغلبنا مثل الأسفنج، نمتص أي شيء وكل شيء في جهد دءوب للإجابة على الأسئلة المهمة حول الهوية، وعند عمر الخامسة نكون قد حددنا الكثير من فهمنا أو نظرتنا للحياة ومبادئ سلوكنا وأصول شخصيتنا.

وأخذنا نرى أنفسنا منتمين إلى بعض المجموعات، وغرباء من البعض الآخر. وبدأنا نتبنى اعتقادات ومواقف وقيم معينة ونرفض أخرى، وبدأت بعض التصرفات تبدو طبيعية تماماً لنا، والبعض الآخر يبدو غريباً تماماً.

القصص هي الأوعية التي من خلالها نحصل على إجابات لأسئلتنا حول الهوية، وحتى عند هذا العمر الصغير فإننا نؤلف أو نتقبل القصص البسيطة التي تحوي صراعاً حاداً بين قوى الخير والشر.

ويدعوها غاردنر بقصص حرب النجوم والتي تقوم فيها قوتان أو فردان (أ وب) بمحاربة كل منهما الآخر (كما في فيلم حرب النجوم). وفي النهاية أ. المعروفة بالخير يفوز دائماً وحتى عندما ينتصر ب فإن انتصاره يكون مؤقتاً. وفي معظم الحالات تقريباً يشعر الطفل بحب وانتماء إلى الأفراد والقوى من النوع أ.

وعندما ننضج فإننا نستطيع استيعاب قصص أكثر تعقيداً وبالرغم من ذلك فما زالت قصص الصراع بين الحق والباطل تستهوينا، والقادة الناجحون هم الذين يعرفون كيف يستغلون الرغبات لمثل هذه القصص (وخاصة عندما يتحدثون إلى أعداد كبيرة ومتنوعة من الناس)، ويشرح غاردنر ذلك بقوله "القائد الذي يستطيع أن يخاطب بشكل مباشر العقل (الذي لم يذهب للمدرسة) هو الذي ينجح عادة في إقناع المشاهدين بمزايا برنامجه أو سياسته أو خططه.

ويضرب مثلاً برونالد ريغان الذي كان أستاذاً في سرد القصص التي تناسب العقل ذا الأعوام الخمسة، ولعل هذا يفسر لنا أحد أسرار نجاحه.

- شكل القصة مهم كمحتواها.

على القائد سارد القصص تطوير طريقة إلقائهم للقصص، ويقترح جاي كونجر أن أفضل قائد سارد للقصص هو الذي "يصنع حوارات جذابة مع مشاهديه، يوجه حديثه كسمفونية ويستعمل طاقته الشخصية ليملأ الخطط التي يعرضها بالإثارة" ساردوا

القصص المتميزون هم الذين يقول المستمعون لهم بعد انتهاء حديثهم ما يلي: "استمتع بسماعة وحديثة مثير" أو "إنه يملأ القاعة بالأفكار والتحديات" . . . أو "إنه جذاب وتشعر بقوة شخصيته خلف أفكاره، ويحركك باتجاه أفكاره بقوة".

إن القيادة لعبة لغوية إلى حد ما ويجب على اللاعبين إتقان أدوات علم الخطابة بما في ذلك استعمال المجاز والسجع والتكرار واللحن والنغم والتوازن بما يستحوذ على انتباه المستمعين، ويلهب المشاعر بالقصص الفعالة التي تربط المستمع بالقائد سارد القصص، والقائد الفعال هو الذي يحسن رواية القصص التي تربط الناس بأهدافه ومبادئه.

الدور الثالث للقيادة: من باني أنظمة إلى محرك التغيير.

منذ بدايات القرن العشرين والمدراء الكبار يقومون بوضع أنظمة لقياس أداء المديرين والموظفين وتوصيف وظائفهم، وصممت هذه الأنظمة لإيجاد موظفين يؤدون أعمالهم وفق سياسة وطريقة الشركة، والهدف من ذلك إيجاد استقرار وانسجام.

كريستوفر بارتليت وسومنترا غوشال يصفان هذه المنظمة التقليدية بالتالي: من قمة الهرم يشرف القائد على النظام والترتيب والتناسق والانسجام ويحلل تفاصيل المهام في الشركة ومسؤولياتها، ومن القاع ينظر المدراء في الخطوط الأمامية للأعلى إلى كتيبة المتحكمين الذين ترهقهم طلباتهم وتستنزف معظم طاقاتهم ووقتهم. والنتيجة كما يصفها مدير جنرال الكتريك جاك ويلش. "منظمة وجهها ناحية المدير ومؤخرتها تجاه العميل"، في مثل هذا البناء تتدفق المعلومات ورأس المال نحو القمة، حيث يصيغ المديرين القرارات ويوزعون الموارد ويضعون الأولويات ويحددون المسؤوليات.

المشكلة في مثل هذا النظام أنه يجزئ موارد الشركة، ويوجد قنوات اتصال عمودية تعزل وحدات العمل وتمنعهم من تكامل نقاط القوة لديهم مع الوحدات الأخرى، وإجمالاً تجعل الشركة أقل من قيمة مجموع أجزائها، وتتركز اهتمامات الناس على تنفيذ الأوامر وأداء المهمات في توصيفهم الوظيفي فقط.

كتب بارتليت وغوش: "الأنظمة التي ضمنت السيطرة والانضباط أدت إلى كبت الإبداع والمبادرة".

أما اليوم فمثل هذا النظام سيؤدي إلى كارثة، فعلى سبيل المثال يقول جيمس شامبي مؤلف كتاب "إعادة الهندسة الإدارية": في الجو القاسي الذي نبحر فيه اليوم . . . يجب أن يكون لديك ثقافة تشجيع الصفات الرائدة مثل المتابعة الدؤوب حتى (لا يزوغ منك العملاء) والإبداع (لتحقق الرغبات حتى التي ربما لا يعرف عملاؤنا أنهم يحتاجونها) (والعمل الجماعي السلس مع الاستقلالية الفردية (لتوافق معايير العملاء في تقييم الجودة) ولن تنفعك ثقافة الطاعة لتسلسل التنظيمي (حتماً ستفشل ولن يرحمك السوق).

القائد كمحرك للتغيير

القادة الجدد يعملون كمحركين ويجبرون الناس على التفكير بالمستقبل والاستعداد له، هؤلاء القادة لا يريدون ممن معهم أن يتحدوا الواقع المألوف ويشككون به.

يعطي القائد الجديد اهتماماً أقل للسيطرة والتحكم بتصرفات العاملين ويركز أكثر على تطوير مبادرات الموظفين ودعم أفكاره، وتحطيم البيروقراطية والحواجز، فالقائد يعمل من أجل الإتباع وليس العكس.

القائد الخادم

أعظم القادة يمكن أن يرى كخادم لأنه هو كذلك فعلاً في حقيقية الأمر، القيادة تمنح للشخص الذي من طبعه أن يخدم الآخرين.

أكد غرين فيلد مدير الأبحاث في شركة AT&T ومؤلف كتاب "القائد الخادم" على هذا المبدأ في عدد من كتاباته واقترح بعض الطرق الرئيسية التي يختلف بها القائد الخادم عن نظيره التقليدي ومنها:

١. يسأل القائد التقليدي أتباعه أسئلة حول النتائج والعمليات والطرق والسلوك أسئلة مثل: هل فعلت هذا؟ وهل فعلت ذاك؟ ما حالة الأمر الفلاني؟ بينما القائد الخادم يسأل أسئلة تساعد في كشف ما الذي يستطيع عمله للمساعدة: كيف يمكن أن أساعدك؟ ما الذي تحتاجه مني؟ ماذا يمكن أن أوفر لك لتؤدي عملك بشكل أفضل؟

٢. يقيس القائد التقليدي الإنتاجية التنظيمية من خلال حساب إنتاج كل شخص في الساعة أو أي مؤشرات كمية أخرى، بينما يؤمن القائد الخادم أن أكثر منظمة إنتاجياً هي تلك التي يكون فيها أكبر قدر من المبادرات والتطوع ويعمل فيها الجميع ما يرون أنه من الأشياء الصحيحة التي تزيد من الفعالية الإجمالية وفي الأوقات المناسبة لأنهم يفهمون ما يجب عمله، ويؤمنون أن هذه هي الأشياء الصحيحة الواجب عملها، ويأخذون الإجراء اللازم بدون أن ينظروا الأوامر.

٣. يرى القائد التقليدي الناس على أنهم مورد هام، ويرى نفسه بصفته الرئيس، ويرى دوره كمولد أرباح لحاملي الأسهم، بينما يؤمن القائد الخادم أن "الناس يأتون أولاً" ويرى نفسه "الأول بين المتساوين" ويرى دوره بأنه "تسهيل ورعاية القدرات القيادية للآخرين".

٤. يرى العاملون القائد التقليدي بأنه المراقب الصارم المراعي لمصالحه الذاتية فقط، بينما يركز القائد الخادم على السلوك الأخلاقي ويعيش حياة متوازنة، ويصنف الموظفون القائد الخادم كشخص يثق بالآخرين ويقبل ويفتح للأفكار الجديدة المجال، وهو مرن وحكيم وبصير بالأمور وإيجابي ويمتلك روح المرح والقدرة على الضحك.

٥. يشجع القائد التقليدي المنافسة الداخلية بينما يؤمن القائد الخادم بأن "المنافسة يجب كبحها، أن لم يكن القضاء عليها واستبدالها بالتعاون والتكامل".

٦. ليس لدى القائد التقليدي وقت للناس، بينما يصنع القائد الخادم ويفرغ وقتاً من أجل الناس.

٧. يتوسط القائد التقليدي في حل النزاعات، بينما لا يقوم القائد الخادم فقط بالتوسط في النزعات بل ينتبه للشخص الذي لم يتم الاستماع لوجهة نظهره بسبب أسلوبه الاستفزازي.

٨. يحاول القائد التقليدي أن يجعل أتباعه يتبعون سياسات المنظمة ويعملوا بطريقتها بينما القائد الخادم يندمج مع العاملين "للتأكد من أن الأفكار الجيدة تظهر للعلن وتدرس بجدية حتى تظهر رؤية مشتركة لدى الجميع".

٩. يطلب القادة التقليديون الطاعة بينما يتعاطف القائد الخادم مع الشخص المقابل ويتقبله ولكنه يرفض أحياناً قبول جهد الشخص أو أدائه لأنه ليس جيداً بدرجة كافية. . . القائد الخادم لديه احترام كبير لذاته ويراعي الآخرين جداً ولكنه لا يدعهم يؤكدون عملاً أقل من الممتاز، القائد الخادم هو الذي يقول "أنا أخولكم وأمنحكم السلطة من خلال حبي وصبري وحزمي، وأحبكم بدرجة لا أسمح لكم بعمل ما هو أقل من الممتاز، ولكني لا أكرهكم عليه: إني أدعوكم إليه".

١٠. يعتقد القائد التقليدي أن النجاح النهائي للقيادة هو النتائج المالية الممتازة بينما يؤمن القائد الخادم أن النجاح النهائي للقيادة يمكن في إجابة الأسئلة "هل ينمو هؤلاء العاملين؟ هل صاروا أثناء عملهم أكثر صحة وحكمة وتحرراً واستقلالية واحتمالاً ليصبحوا هم أنفسهم خدماً؟

١١. يختلف القائد الخادم بشكل حاد مع القادة الذين عرفهم معظمنا وهناك احتمال كبير أننا لم يكن لدينا قائد خادم أبداً كرئيس وبالتالي ليس لدينا تصوراً واضحاً لهذا النموذج.

إن كل المفكرين والمؤلفين مهما كانت أطروحاتهم وكل التدريب بكل وعودة لا يستطيعون أن يصنعوا منك قائداً، القادة لا يولدون قادة كاملين، ولا يتم إعدادهم كالقهوة الجاهزة ولكنهم يتخمرون ببطء، إن عملية تعليم القيادة عملية طويلة وتستمر بخطوات كثيرة تشمل ما يلي:

١. الوراثة وخبرات الطفولة المبكرة توفر الميل للقيادة.

٢. الفنون والعلوم تصنع الأساس العريض للمعرفة.

٣. الخبرة توفر الحكمة التي تأتي من تحول المعرفة إلى تطبيق واقعي.

٤. التدريب يصقل السلوك في مجالات محددة مثل فن الاتصال.

أما إذا ما كنت فاقداً لبعض خبرات الطفولة المبكرة، أو لم تتخصص في أحد العلوم أو الفنون، أو كان التدريب الذي تلقيته غير متفق فلا تفقد الأمل ولا يعني بالضرورة أنك لن تكون قادراً على أن تقود، عندما ننظر إلى القيادة فإن شخصيتك بتكاملها هي المهمة وليس أجزاءاً منها.

تمارين متنوعة

تمرين رقم (١)

وجهات النظر

تعليمات النشاط:

ناقش العبارات اللاحقة بعناية.

العبارة هي: "يجب أن يُعطي القادة سلطة مطلقة".

إجابة فردية

. . . .

. . . .

. . . .

. . . .

. . . .

. . . .

. . . .

. . . .

. . . .

. . . .

. . . .

تمرين رقم (٢)

لقاء مع هدى

تعليمات

اقرأ دراسة الحالة "لقاء مع هدى" بعناية. أجب عن الأسئلة الثلاثة المرفقة منفردة أولاً ثم ناقش آراءك مع مجموعة من الناس، جهز خلاصة متفقاً عليها للنقاش العام.

تعمل هدى مديرة لمدرسة حيفا الابتدائية للبنات. قررت في بداية السنة الدراسية توضيح بعض التعليمات الجديدة التي ستطبق هذا العام. ودعت إلى اجتماع يعقد في وقت لاحق من ذلك اليوم. وقد حضر الجميع في الوقت المحدد ما عدا هدى التي وصلت متأخرة لعدة دقائق عندما وصلت، بدت هديت متجهمة الوجه، ثم جلست وفتحت مفكرتها وأخذت تستعرض بنود الاجتماع. وعندما سألت المعلمة سلمى إذا كان بالإمكان إضافة موضوع جديد للبحث، رفضت هدى طلبها وأضافت: "كلا . . . لا يوجد متسع من الوقت . . . . ولا أرى حاجة لذلك . . . ربما نفعل ذلك في وقت آخر. أن الاجتماع مخصص لهذه المواضيع فقط، إن ما تقترحين يحتمل التأجيل".

بعد انتهاء الاجتماع سألت هدى المعلمات أن كن يردن التعليق، لكنهن امتنعن عن الإجابة. واعتقدت أن عدم وجود أسئلة أو ملاحظات يعني أنها قد أدارت الاجتماع بنجاح. وغادرت غرفة الاجتماع وهي تشعر بالرضا عن أدائها.

الأسئلة:

١. ما رأيك بسلوك هدى قبل الاجتماع وفي أثنائه وبعده؟ اعتمد على المعلومات الواردة في هذه "الحالة" لدعم وجهة نظرك.

. . . .

. . . .

. . . .

. . . .

. . . .

. . . .

٢. لماذا تصرفت هدى بهذه الطريقة؟

. . . .

. . . .

. . . .

. . . .

. . . .

. . . .

٣. لو كنت مكان هدى، هل كنت ستتصرف / ستتصرفين بطريقة مختلفة؟ لماذا؟

. . . .

. . . .

. . . .

. . . .

. . . .

تمرين رقم (٣)

أطلب إذني أولاً

تعليمات

تأمل الرواية القصيرة التالية لأحد مديري التعليم ثم أجب عن الأسئلة منفردة.

في بداية اجتماعه الأول مباشرة، وضع مدير تعليم المنطقة، الضوابط وطلب من مشرفي المدارس الحصول على إذنه قبل التحدث . . . ! ثم قال: ". . . . يجب إبلاغي فوراً بأي ملاحظات أو قضايا طارئة . . . . ".

وفي أثناء الاجتماع ذاته، قام المدير بتوزيع الأدوار والمواقع على المشرفين كما يراها مناسبة.

وأضاف بأن وزع "خطة الزيارات المدرسية" التي أعدها مسبقاً وزاد بأن طلب من المشرفين تزويده بخططهم السنوية خلال أسبوع واحد.

الأسئلة

١. ما هي القضايا التي فشل المدير في معالجتها؟

....

....

٢. لو كنت المدير، كيف كنت ستدير الاجتماع؟

....

....

....

تمرين رقم (٤)

المنقذ

تعليمات

أقرأ دراسة الحالة التالية، وناقشها زمرياً وأجب عن الأسئلة الواردة تحت النص.

السيد مدير تعليم معروف بكفايته، وقد نقل في العام الماضي إلى منطقة جنوب عمان المعروفة بفقرها. وركز اهتمامه على حل جملة من المشكلات المدرسية التي فشل مدير التعليم السابق في حلها.

بمجرد وصوله إلى موقعه الجديد، تيقن السيد مدير التعليم بأن مهمته الجديدة تشكل تحدياً له. والمشاكل التي واجهها تبدو مرتبطة بمدرسة فكر خاصة في الإدارة.

وهذه المشاكل هي:

١. غياب الاتصال بين المديرين والمعلمين.

٢. انخفاض الدافعية والروح المعنوية لدى المعلمين.

٣. صراعات وتوترات متكررة بين العاملين.

٤. المعلمون غير راضين عن وظائفهم.

٥. انخفاض التحصيل العلمي بين الطلبة.

٦. مشاكل الطلبة السلوكية، مثل العنف، والتغيب والتخريب.

ضع نفسك مكان مدير التعليم بعد التشاور مع أعضاء مجموعتك أجب عن الأسئلة التالية:

١. ما هي الثقافة المؤسسية السائدة في المنطقة؟

....

....

....

....

٢. ما هي الطريقة الأمثل لمعالجة هذه المشاكل؟

....

....

....

....

....

٣. برأيك ما هي الأجواء البديلة التي يتوجب عليها خلقها؟ وكيف؟

....

....

....

....

تمرين رقم (٥)

اختبار اكتشاف الذات

أنماط التعلم

تعليمات

لقد صممت هذه الاستبانة لتحديد أنماط التعلم التي تفضلها. فأنت خلال العام الماضي ربما طورت "عادات" "تعلم" تعينك على الاستفادة من بعض الخبرات دون غيرها وبما أنك ربما لا تعي ذلك، فإن هذه الاستبانة سوف تساعدك على تحديد أفضلياتك التعليمية حتى تصبح في وضع أفضل لاختبار الخبرات التعلمية التي تناسب أسلوبك.

أ. لا يوجد وقت محدد لإتمام هذه الاستبانة. وربما تتطلب ١٥ – ٢٠ دقيقة. أما دقة النتائج فتعتمد على أمانتك.

لا توجد إجابات صحيحة وأخرى خاطئة. وإذا كنت تتفق مع ما جاء في أحد الأسئلة أكثر مما تختلف فضع إشارة (Y) أما إذا كنت تختلف معها أكثر مما تتفق فضع إشارة (X) وتأكد من وضع إشارة (Y) أو (X) على كل سؤال.

١. لدي قناعة قوية حول ما هو صحيح وما هو خطأ، وما هو حسن وما هو رديء.

٢. غالباً ما أتصرف دون اعتبار للعواقب.

٣. أميل إلى حل المشكلات باستخدام طريقة الخطوة خطوة.

٤. أؤمن بأن الإجراءات والسياسة الرسمية تقيد الناس.

٥. أنا معروف بصراحتي في قول ما اعتقده.

٦. غالباً ما أجد أن التصرفات القائمة على المشاعر هي سلوك صحيح تماماً مثل تلك المبينة على تفكير وتحليل عميقين.

٧. أحب ذلك العمل الذي يمنحني الوقت للإعداد والتنفيذ.

٨. غالباً ما أناقش الناس في مسلماتهم الأساسية.

٩. ما يهمني أكثر هو إذا كان الشيء يمكن تطبيقه في الواقع.

١٠. أنا دائم البحث عن خبرات جديدة.

١١. عندما أسمع عن فكرة أو طريقة جديدة أبدأ فوراً في البحث عن كيفية تطبيقها عملياً.

١٢. أنا مهتم بالنظام، مثل العناية بغذائي وممارسة الرياضة بانتظام والالتزام بروتين محدد . . . . الخ.

١٣. أشعر بالفخر لأداء مهمة كاملة.

١٤. أنا على انسجام مع الناس المنطقيين المحللين، وأقل انسجاماً مع التلقائيين والعاطفين.

١٥. أهتم كثيراً بتفسير البيانات المتوفرة لدي وأتجنب الاستنتاجات المتسرعة.

١٦. أحب التوصل إلى قرار بعناية بعد استعراض خيارات كثيرة.

١٧. أنجذب كثيراً للأفكار المتفردة وغير العادية أكثر من الأفكار العملية.

١٨. لا أحب الأشياء الفوضوية وأحب ترتيب الأشياء بشكل منتظم.

١٩. أحب والتزم بالإجراءات والسياسات المرعية طالما اعتبرتها وسيلة فعالة لإنجاز المهمة.

٢٠. أحب ربط تصرفاتي بمبدأ عام.

٢١. في المناقشات أفضل الدخول مباشرة في الموضوع.

٢٢. أحب الحفاظ على مسافة بيني وبين الناس في العمل، وأفضل علاقة رسمية.

٢٣. أسعى إلى التحدي في معالجة شيء جديد ومختلف.

٢٤. أحب الناس المرحين والطبيعيين.

٢٥. أهتم كثيراً بالتفاصيل قبل التوصل إلى استنتاج.

٢٦. أجد صعوبة في طرح أفكار بسرعة.

٢٧. أؤمن بالدخول إلى الموضوع مباشرة.

٢٨. أحاذر عدم التسرع في الاستنتاجات.

٢٩. أفضل الحصول على أكبر قدر من مصادر المعلومات، فكلما توفرت بيانات أكثر كلما كان الوضع أفضل.

٣٠. يثيرني الأشخاص الذين لا يأخذون الأشياء بجدية.

٣١. استمع إلى وجهة نظر الآخرين قبل التعبير عن وجهة نظري.

٣٢. أنا صريح حول مشاعري.

٣٣. أحب في المناقشات مراقبة مناورات المشاركين الآخرين.

٣٤. أفضل التعامل مع الأحداث بتلقائية ومرونة بدلاً من الإعداد مسبقاً.

٣٥. أميل إلى الانجذاب إلى الأمور الفنية مثل التحليل الشبكي والمسارات المتسلسلة وإعداد البرامج وخطط الطوارئ . . . الخ.

٣٦. يزعجني إنجاز عمل بسرعة تقيداً بوقت محدد.

٣٧. أحكم على أفكار الناس حسب عمليتها.

٣٨. يزعجني الأشخاص الهادئين والمتفكرين.

٣٩. غالباً ما يثيرني الأشخاص الذين يريدون إنجاز الأشياء بسرعة.

٤٠. إن الاستمتاع بالحاضر أكثر أهمية من التفكير في الماضي أو المستقبل.

٤١. أعتقد أن القرارات المبينة على تحليل دقيق لكل المعلومات أفضل من تلك المبنية على الحدس.

٤٢. أنا أميل إلى الكمال.

٤٣. غالباً ما أطرح كثيراً من الأفكار التلقائية في النقاشات.

٤٤. وفي الاجتماعات أطرح أفكاراً واقعية عملية.

٤٥. في الغالب ما وضعت القوانين إلا لتنتهك.

٤٦. أفضل النظر إلى حالة ما من بعيد واستعراض كل جوانبها.

٤٧. غالباً ما التقط نقاط الضعف وعدم الترابط في حجج الآخرين.

٤٨. في المعدل، أنا أتحدث أكثر مما أستمع.

٤٩. غالباً ما أجد طرقاً أفضل وأكثر عملية لإنجاز الأشياء.

٥٠. أعتقد أن التقارير المكتوبة يجب أن تكون قصيرة ودقيقة.

٥١. اعتقد أن المستقبل هو للتفكير المنطقي والعقلاني.

٥٢. أميل إلى بحث أشياء محددة مع الناس بدلاً من الانخراط في أحاديث اجتماعية.

٥٣. أحب الناس الذين يتعاملون مع الأشياء بواقعية بدلاً من النظرية.

٥٤. في المناقشات، اشعر بالضيق من إثارة نقاط خارج الموضوع.

٥٥. إذا طلب مني أن أعد تقريراً، فإني أميل إلى كتابة عدة مسودات قبل كتابة النص النهائي.

٥٦. أحب تجربة الأشياء لاكتشاف إمكانية تطبيقها.

٥٧. أحب التوصل إلى إجابات من خلال المنطق.

٥٨. أحب أن أكون الشخص الذي يتحدث أكثر من الآخرين.

٥٩. في النقاشات، أجد أني غالباً ما أكون واقعياً وأظل ضمن الموضوع وأتجنب التحليلات الفجة.

٦٠. أحب استعراض خيارات كثيرة قبل اتخاذ قرار.

٦١. غالباً ما أكون في النقاشات أكثر موضوعية من المشاركين.

٦٢. أفضل في النقاشات أن لا أكون مبادراً، ولا أن أستأثر بمعظم الحديث.

٦٣. أحب أن أكون قادراً على ربط الأحداث الحالية بصورة أكبر وأبعد مدى.

٦٤. عندما تسير الأشياء بشكل خاطئ فإني لا أبالي وأتركها للتجربة.

٦٥. أميل إلى رفض الأفكار التلقائية واعتبرها غير عملية.

٦٦. من الأفضل التفكير بإمعان قبل اتخاذ القرار.

٦٧. في العادة استمع أكثر مما أتكلم.

٦٨. أميل إلى الغضب من الناس الذين يجدون صعوبة في إتباع أسلوب منطقي.

٦٩. في معظم الأحيان ما اعتبر أن الغاية تبرر الوسيلة.

٧٠. لا أكترث بإيذاء مشاعر الآخرين طالما أدى ذلك إلى إنجاز العمل.

٧١. أجد أن الطريقة الرسمية في تحقيق أهداف وخطط معينة طريقة خانقة.

٧٢. في العادة أكون الشخص الذي يخلق جوا في الحفلات.

٧٣. أفعل ما هو ملائم لإنجاز العمل.

٧٤. سرعان ما أشعر بالملل من العمل النمطي.

٧٥. أهتم باستكشاف المسلمات والمبادئ والنظريات الأساسية التي تحكم الأشياء والأحداث.

٧٦. أحب دائماً معرفة ما يفكر به الناس.

٧٧. أحب أن تدار الاجتماعات بطريقة نمطية والالتزام بجدول الأعمال.

٧٨. ابتعد عن المواضيع الغامضة أو النمحازة

٧٩. أحب الإثارة المرافقة للأزمة.

٨٠. غالباً ما يجدني الآخرون غير مراع لمشاعرهم.

العلامات

ب. ضع علامة واحدة لكل نقطة أشرت عليها بإشارة (Y) ولا توجد علامات للنقاط التي أشرت عليها بإشارة (X) حدد في القائمة التالية النقاط التي أشرت عليها.

العملي	النظري	المتأمل	النشط
٥	١	٧	٢
٩	٣	١٣	٤
١١	٨	١٥	٦
١٩	١٢	١٦	١٠
٢١	١٤	٢٥	١٧
٢٧	١٨	٢٨	٢٣
٣٥	٢٠	٢٩	٢٤
٣٧	٢٢	٣١	٣٢
٤٤	٢٦	٣٣	٣٤
٤٩	٣٠	٣٦	٣٨
٥٠	٤٢	٣٩	٤٠
٥٣	٤٧	٤١	٤٣
٥٤	٥١	٤٦	٤٥
٥٦	٥٧	٥٢	٤٨
٥٩	٦١	٥٥	٥٨
٦٥	٦٣	٦٠	٦٤
٦٩	٦٨	٦٢	٧١
٧٠	٧٥	٦٦	٧٢
٧٣	٧٧	٦٧	٧٤
٨٠	٧٨	٧٦	٧٩
المجموع			

ج. والآن، اكتب نتائج العلامات على أذرع الشكل التالي:

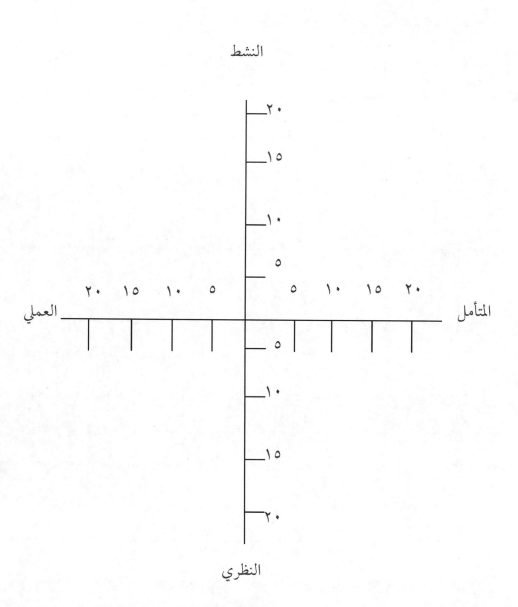

النشاط

المنفتحون

هم أناس ينخرطون كلية ودون تردد في خبرات جديدة ويشعرون بالسعادة لذلك.

وهم أناس منفتحون وغير متشككين وهذا ما يجعلهم يشعرون بالحماس تجاه الأشياء الجديدة. وفلسفتهم في ذلك هي: "سوف أجرب أي شيء لمرة واحدة".

إن أيامهم تكون مفعمة بالنشاط. وهم سيتعاملون مع المشكلات من خلال العصف الذهني. وعندما تخبو الإثارة الناجمة عن خبرة ما فسرعان ما ينشغلون في البحث عن أخرى.

وهم يميلون إلى مواجهة التحديات التي تحملها الخبرات الجديدة، لكنهم يشعرون بالملل من التطبيق والاندماج طويل الأمد.

وهم أشخاص اجتماعيون على الدوام، وينخرطون مع الآخرين، ولكنهم بذلك يريدون أن يكونوا مركز كل النشاطات.

وهؤلاء الأشخاص يتعلمون أكثر من الخبرات الجديدة ومن تشجيعهم على خوض الخبرة. وهم في الغالب يستمتعون بنشاطات التعلم الفورية نسبياً نسبياً مثل الألعاب المصاحبة لعقد الصفقات وتمارين الفرق التنافسية.

ولا يتعلم النشطاء كثيراً من الأوضاع السلبية، مثل القراءة أو المشاهدة أو الاستماع للمحاضرات، وبخاصة المتعلقة بالمفاهيم أو النظريات.

فهم لا يستمتعون بالعمل المنفرد والواجبات المتكررة والأوضاع التي تتطلب إعداداً مفصلاً، أو أن يطلب منهم إعادة النظر في إنجازاتهم وفرص التعلم.

المتأملون

يميل المتأملون إلى التفكر في الخبرات عن بعد وملاحظتها من زوايا مختلفة. وهم يقومون بجمع البيانات، إما مباشرة أو من خلال الغير، ويفضلون تحليلها بشكل دقيق والتفكير فيها من كل الزوايا المحتملة قبل التوصل إلى أي استنتاج محدد.

وهم يؤخرون التوصل إلى الاستنتاج ما أمكنهم ذلك. وفلسفتهم في ذلك أن يكونوا حذرين وهم يتمتعون بمراقبة الآخرين وهم يعملون، ويفضلون الجلوس في المقاعد الخلفية في الاجتماعات والنقاشات.

وهم يفكرون قبل الحديث، ويحبون البقاء في الظل وفي أجواء قصية ومتسامحة. وعندما يتصرفون فإنهم يكونون محكومين بصورة أكبر للماضي والحاضر وللاحظاتهم وملاحظات الآخرين.

إن المتأملين يتعلمون بشكل أفضل من النشاطات التي يستطيعون فيها أن يظلوا بعيدين ومستمعين مراقبين.

ويحبون أن تتاح لهم الفرص لجمع المعلومات، والوقت للتفكير فيها قبل التصرف أو التعليق عليها.

وهم يحبون إعادة دراسة ما حدث.

وهم يتعلمون بشكل أقل عندما يطلب منهم الإسراع في إنجاز الأشياء بدون بيانات كافية أو خطة عمل، أو عندما يدفعون إلى الأضواء إذا ما طلب منهم لعب دور أو ترؤس اجتماع أو عندما يطلب منهم الإيجاز أو أداء عمل سطحي.

المنظرون

وهؤلاء يفضلون التحليل. وهم يجمعون الحقائق والملاحظات ويضعونها في نظريات منطقية متماسكة. وفلسفتهم مبينة على وضع العقل والمنطق قبل كل شيء. وهم يعالجون المشاكل بطريقة عمودية، خطوة خطوة ومنطقية.

وهم يميلون إلى الكمال ولا يشعرون بالراحة إلا حين تصبح الأشياء في وضع منظم ومنسجمة مع الطرح العقلاني.

ويهتمون بالمسلمات الأساسية والمبادئ والنظريات والنماذج والتكفير النظمي.

ويلتزم هؤلاء بموضوعية عقلانية، وبالتحليل. وهم يشعرون بالضيق من الأحكام غير الموضوعية والتفكير المشوش والثرثرة.

وهم يتعلمون أفضل عندما يعرض عليهم نظم نموذجي أو فكرة أو نظرية حتى عندما يكون غرضها التطبيق غير واضح وعندما تكون الأفكار بعيدة عن الواقع.

وهم يحبون العمل في أوضاع منظمة بغايات واضحة، وأن يسمح لهم بسبر غور التجمعات والعلاقات الإنسانية ودراسة المسلمات والمنطق وتحليل الأسباب والبديهيات. وهم لا يحبون أن يكونوا مقيدين فكرياً.

ولا يتعلم هؤلاء كثيراً عندما يطلب منهم عمل شيء بدون هدف واضح أو عندما تكون النشاطات غير منظمة وغامضة، أو عندما يكون التركيز منصباً على العواطف. وهم لا يتعلمون بشكل صحيح عندما يصطدمون بنشاطات يعوزها العمق، أو عندما تكون البيانات الداعمة للموضوع ناقصة، أو عندما يشعرون بعدم الانسجام مع بقية المجموعة.

العمليون (البراغماتيون)

إن البراغماتيين يميلون إلى تجربة أفكار ونظريات وتقنيات جديدة لمعرفة إذا ما كنت صالحة للتطبيق. وهم يبحثون عن الأفكار الجديدة، ويغتنمون أول فرصة لتجربتها على أرض الواقع.

وهم ذلك النوع من الناس الذين يعودون من دورات الإدارة محملين بأفكار جديدة يريدون تجربتها عملياً.

وهم يتصرفون بسرعة وبثقة تجاه الأفكار التي تجذبهم. وهم يشعرون بالضيق من النقاشات المفتوحة. وهم عمليون بالضرورة وواقعيون يحبون اتخاذ القرارات العملية وحل المشكلات.

وهم ينظرون إلى المشكلات والفرص كتحد. وفلسفتهم في ذلك هي: "هنالك دائماً طريقة أفضل" و"إذا نجحت فذلك أمر حسن".

ويتعلم البراغماتيون بشكل أفضل في الحالات التي يوجد فيها رابط واضح بين الموضوع ووظيفتهم الحالية.

وهم يحبون التعامل مع التقنيات أو العمليات والأساليب العملية والتي لها علاقة مباشرة بالعمل ومحتملة التطبيق.

ولا يتعلم الذرائعيون كثيراً من النشاطات التي لا تعود بفائدة فورية أو عندما تكون نشاطات التعلم أو منظميها بعيدة عن أرض الواقع.

تمرين رقم (٦)

تعلّم التعريفات وتطبيقها

تعريفات أساسية

تعليمات

أقرأ التعريفين والأمثلة وأملأ الجزء الفارغ مورداً المثال الخاص بك

التعلُّم	
التعريف الأساسي	هو استنباط المعاني من أحداث ماضية أو حالية والتي ستوجه السلوك المستقبلي.
مثال المدرب	طلب مدير مدرسة من الطلبة ذوي التحصيل المتدني أن يبلغوا آباءهم بان يحضروا إلى المدرسة للتباحث في وضعهم. واكتشف المدير بعد الاجتماع أن من حضروا لم يكونوا في الحقيقة آباء الطلبة. وتعلم أنه يجب أن يضمن مستقبلاً أن من يحضر هم الآباء الحقيقيون. وربما يفعل ذلك من خلال التأكد من أوراقهم الثبوتية.
مثالك الخاص	

	التعلم الإداري
التعريف الأساسي	هو التعلم الذي يكتسبه المديرين تلقائياً في أثناء تأدية مهامهم.
مثال المدرب	دعا مدير مدرسة لاجتماع للمعلمين لبحث قضايا مهمة. وتضمن جدول الاجتماع قضايا كثيرة، إلا أن القضايا المهمة لم تكن مصنفة بانتظام حسب الأولوية. ونتيجة لذلك، تمّ تأجيل الاجتماع لأن القضايا المعنية لم تناقش. ومنذ ذلك الحين، وكلما أعد جدول أعمال، أصبح يرتب المواضيع المنوي مناقشتها حسب الأولوية.
مثالك الخاص	

	خبرة تطويرية
التعريف الأساسي	هي خبرة يمر بها المديرين في أثناء تأدية مهامهم وتستنهض فيهم قدرات أكبر من قدراتهم الحالية، مما يوفر لهم فرصا للتعلم والتقدم.
مثال المدرب	علمت مديرة تعليم المنطقة أن بعض المعلمين في منطقتها لا يملكون أجهزة كمبيوتر، فقامت مباشرة بالاتصال بشركة الكمبيوتر الرئيسية طالبة مساعدتها، لكنها لم تفلح في مسعاها. بعد ذلك، قرأت كتاباً صغيراً عن إعداد "مقترح تجاري"، واستشارت مدير بنك محلي ورفعت اقتراحاً جديداً للشركة، ونجحت هذه المرة. ثم صارت تقدر أهمية إعداد ورفع الاقتراحات.
مثالك الخاص	

التأمل	
التعريف الأساسي	هو النشاط الذي يساهم في عملية التعلم في أثناء الخبرة التطويرية. إنه حوار داخلي تتداخل فيه التساؤلات والتفسيرات بهدف فهم أكبر للخبرة.
مثال المدرب	فوض معلم اللغة الإنجليزية في إحدى المدارس بمسؤولية استقبال الوفود الأجنبية. واكتشف من خلال التأمل في خبرات سابقة بأنه دائماً لا يجد الوقت الكافي لذلك، فقرر إعداد نشرة مختصرة تحتوي البيانات والمعلومات الأساسية عن المدرسة. وأثبتت هذه المبادرة نجاحها. كان يجيب عن الأسئلة المهمة، بينما يرجع الزوار إلى النشرة لمزيد من المعلومات. وقد تلقى تغذية راجعة إيجابية من الزوار، والمدير ومدير المنطقة التعليمية والرئيس.
مثالك الخاص	

التأمل الاستشرافي	
التعريف الأساسي	هو النشاط الذي يساهم في عملية التعلم في أثناء خبرة تطويرية. إنه عملية استرجاع الخبرة والتفكر مليا في معناها مع الذات.
مثال المدرب	نُقل مدير مدرسة ابتدائية إلى مدرسة إعدادية. واكتشف أن عدداً كبيراً من الكتب غير صالح للاستخدام. ولاحظ أن معظم الكتب كانت ممزقة من الأرضية اللاصقة، فدعا إلى حملة لتجليد الكتب، وشرح للمعلمين والطلبة كيفية استخدام الكتب بشكل صحيح. ونتيجة لذلك، قلت نسبة الكتب غير الصالحة بشكل كبير.
مثالك الخاص	

تمرين رقم (٧)

التعلّم التأملي

منهاج العلوم

تعليمات

أدرس الحالة التالية بعناية وأجب عن الأسئلة

دعا مشرف المدرسة علي مجموعة من معلمي العلوم إلى اجتماع في مكتبه عصر يوم الثلاثاء لبحث قضايا لها علاقة بتدريس العلوم وحضر حوالي خمسة معلمين متأخرين.

افتتح علي الاجتماع باستعراض منهاج العلوم الجديد وأهمية دور معلمي العلوم في تطبيق هذا المنهاج.

وقد طرحت عدة نقاط لم يكن لها علاقة بموضوع الاجتماع مما خلق فوضى وتذمراً من معظم المعلمين. ولاحظ علي أن معظم الحاضرين لم يشاركوا في بحث الموضوع وإنما كانوا مشغولين في أحاديث جانبية، فاضطر إلى إنهاء الاجتماع مع أن كثيراً من المسائل المهمة لم يتم التطرق إليها.

في ذلك المساء، أخذ علي يتأمل فيما حدث ولماذا وكيف حدث وفي كيفية تجنب ذلك مستقبلاً.

والآن، الرجاء الإجابة عن الأسئلة التالية:

أ. ما أهم الأسباب التي توصل إليها علي والتي ساهمت أكثر من غيرها في فشل الاجتماع؟ عدد خمسة عوامل حسب أولوية أهميتها بالنسبة لك.

١. ....

٢. ....

٣. ....

٤. ....

٥. ....

ب. بعد التأمل، ما الخطوات التي توصل إليها علي بخصوص الاجتماع القادم؟

١. ....

٢. ....

٣. ....

ج. أشرح بأسلوبك الخاص، أي عملية استخدمها علي في تأمله لهذه الخبرة غير السارة.

. . . .

. . . .

. . . .

. . . .

. . . .

. . . .

. . . .

. . . .

. . . .

تمرين رقم (٨)

ممارسة التأمل

تنوير

تعليمات

أ. أقرأ الحالة التالية وأكمل النموذج المزود

عين السيد فهد زايد حديثاً مدير تعليم لمنطقة عمان. وبدا مهمته بزيارات مفاجئة للمدارس. وفي أثناء هذه الزيارات لاحظ عدداً من الحالات غير السارة، مثل وصول المعلمين متأخرين، الصفوف المتسخة وانعدام الانضباط والنظام وغيرها.

كتب تقريره وأرسله إلى المديرين منتقداً إياهم بقسوة. وقال إنه وجد المديرين والمدرسين "غير أكفاء"، وأن الوضع العام معيب وطالب بالتحسين الفوري.

ثم زار المدارس ذاتها بعد مدة، واكتشف لدهشة أنه لم يجر سوى تحسن شكلي، ثم أنه أحس بشعور مقلق بأنه غير مرحب به.

وحاول محادثة الهيئة التدريسية لكنهم لم يتجاوبوا معه "واحتفظوا بآرائهم لأنفسهم". شعر فهد بالإهانة وفي تلك الليلة أخذ يتأمل في هذه الخبرة.

ب. ضع نفسك مكان فهد أكمل نموذج التأمل وحاول أن تجد شيئاً في تجربته يمكن أن تتعلم منه.

....

....

....

....

تمرين رقم (٩)

تمرين لعب الأدوار

اجتماع الهيئة التدريسية

تعليمات

شكل مجموعات من ثلاثة أفراد واقرأ المقدمة التوضيحية. إبداء النشاط بأن يلعب كل عضو دور هدى والمدرب والمراقب.

أ. يقوم المدرب بالاستماع إلى هدى ومناقشة الحالة معها متبعاً الخطوات التالية:

١. طرح الأسئلة.

٢. مشاهدات تنطوي على تحد.

٣. التشارك في الخبرة .

٤. إعطاء تعزيز إيجابي.

ب. يقوم المراقب بتدوين ملاحظاته حول الحوار، ويزود هدى والمدرب بتغذية راجعة على أدائها.

المقدمة التوضيحية

سمعت مديرة المدرسة هدى، أن الهيئة التدريسية غير راضية عن طريقة إدارتها للاجتماعات. كان واضحاً أنها كانت تحضر إلى الاجتماعات متأخرة وتفرض جدول أعمالها وتتجاهل بشكل كامل أعطاء الآخرين فرصة للنقاش أو المشاركة في اتخاذ القرار.

وهدى، التي تعتمد على الطريقة الكلاسيكية في الإدارة، كانت تشعر أنها تدير الاجتماعات بكفاية، وأنها ليست مضطرة للدفاع عن نفسها، ناهيك عن تغيير أسلوبها.

ولذلك، فقد استمرت في إتباع الأسلوب نفسه الذي استخدمته دائماً في التعامل مع الآخرين.

ولضيقهم من عدم مرونتها، اشتكت هيئة التدريس إلى رئيس دائرة التربية، الذي حول القضية إلى رئيس مركز التطوير التربوي لتزيد هدى النصح والتغذية الراجعة.

المراجع العربية

١) إبراهيم الفقي، قوة التحكم في الذات، المركز الكندي للتنمية البشرية، كندا، ٢٠٠٠.

٢) أسامة الخريشة، عشّاق القمم، عمان، ٢٠١٠.

٣) توماس أ. ستيوارت "تغيير منعش: صياغات عملية للرؤية" فورتشن ٣٠ سبتمبر ١٩٩٦ ص ١٩٥.

٤) جمال ماضي، فقه الحركة في المجتمع، دار المدائن، الإسكندرية، ٢٠٠٠.

٥) حامد عبد السلام زهران، علم النفس الاجتماعي، عالم الكتب، القاهرة، ١٩٧٧.

٦) طارق السويدان، محاضرات في فنون القيادة، مركز التفكير الإبداعي، ٢٠٠٩.

٧) عبد الحليم عباس قشطة، الجماعات والقيادة، وزارة التعليم العالي والبحث العلمي، العراق، ١٩٨١.

٨) فهد زايد، العبقرية العسكرية في القيادة الإسلامية، دار الصفوة، عمان، ٢٠١١.

٩) فهد زايد، الحروب والتسويات، دار يافا، عمان، ٢٠١٠.

١٠) فهد زايد، فن التعامل مع الناس، دار النفائس، عمان، ٢٠١٠.

١١) مصطفى فهمي، محمد علي القطان، علم النفس الاجتماعي، مكتبة الخانجي، القاهرة، ١٩٧٧.

١٢) هشام طلب، دليل التدريب القيادي، عمان، ١٩٩٦.

المراجع الأجنبية

1. Albercht, Kral "The Northbound Train: Finding the Purpose, Setting the direction, Shaping the Destiny of Your organization". N.Y.: AMACOM 1994.

2. Bennis, Warren, "The leader as Storyteller". Harvard Business Review (January – February 1996): 154 – 160.

3. Bennis, Warren. "Lessons in Leadership From Super consultant Warren Bennis". Bottom Line Personal

   (July 1, 1996): 13 – 14.

4. Bennis, Warren. "On Becoming A Leader". New york: Addison – Wesley, 1989.

5. Bennis, Warren, and Burt Nanus. "Leaders: The Strategies for Taking Charge". Harber Business. 1997.

6. Bennis, Warren, and Robert Townsend. "Reinventing Leadership: Strategies To Empower The Organization". New York: William Morrow, 1995.

7. Blank, Warren, "The Nien Natural Laws of Leadership". New York: AMACOM, 1995.

8. Boyett, Joseph, and Jimmie Boyett, "The Guru Guide, John Wiley and Sons, 1998.

9. Conger, Jay A." The Charismatic Leader: Behind the mystique of Exceptional Leadership". San Francisco: Jossey – Bass, 1989.

10. Covey, Stephen R. "Principle – Centered Leadership". New York: Summit Books, 1981.

11. Covey, Stephen. "The Seven Habits of Highly Effective People" New York: Simon & Schuster, 1989.

12. De Pree, Max. "Leadership Is An Art". New York: Doubleday, 1989.

13. De Pree, Max. "Leadership Jazz" New York: Doubleday, 1992.

14. Drucker Peter, "Managine in a Time of Great Change". New York: Truman Talley Books / Dutton, 1995.

15. Fraker, Anne T. and Robert K. Greenleaf. "Business Ethics: There is No Code". "In reflections on Leadership", ed. Larry C. SPEARS, 37 – 48. New York: John Wiley & Sons, 1995

16. Gardner, Howard. "Leading Minds: An Anatomy of Leadership". New York: Basic Books, 1995.

17. Gardner, John. "On Leadership". New York: Free Press, 1990.

18. Greenleaf, Robert K."Life's Choices and Markers. " In Reflections on Leadership, ed. Larry C. Spears. 17 – 21. New York: John Wiley & Sons, 1995.

19. Huey, John "The Leadership Industry". Fortune (February 21, 1994): 54 – 50.

20. Katzenbach. Jon R. Frederlek Beckem, Steven Dichter, Mare Feigen, Christopher Gagnon, Quentin Hope and Timerny Ling. "Real Change Leaders". New York: Times Business, 1995.

21. Kotter. John P. A "Force for Grange". New York: Free Press. 1990.

22. Kotter. John P. A "The Leadership Factor". New York: Free Press. 1988.

23. Kotter. John, "Leading Change". Boston: Harvard Business School Press. 1996.

24. Lopez, Isable O. "Becoming a Servant – Leader: The Personal Development Path". In Reflections on Leadership, e. Larry C. Spears, 149 – 160. New York John Wiley & Sons, 1995.

25. McGee – Cooper, Ann, and Duane Trammell. "Servant – Leadership: Is Three Really Time for it?". In Reflections on Leadership, ed. Larry C. Spears, 113 – 120. New York: John Wiley & Sons, 1995.

26. Nanus, Burt. "The Leader's Edge: The Seven Keys to Leadership in A Turbulent World". Chicago: Contemporary Books, 1989.

27. Nanus, Burt. "Visionary Leadership: Creating a Compelling Sense of Direction for Your Organization". San Francisco: Jossey – Bass. 1992.

28. O'Toole, James. "Leadership: The One Thing Missing. "Across the Board (September 1995): 21 – 26.

29. Rieser, Carl. "Claiming Servant – Leadership As Your Heritage. "In Reflections on Leadership, ed. Larry C. Spears, 49 – 60. New York: John Wiley & Sons, 1995.

30. Rifkin, Glenn. "Leadership: Can It Be Learned?" Forbes ASAP (April 8, 1996): 100 – 112.

الفهرس

Printed in the United States
By Bookmasters